**건강한 어른은
어디에 있나요?**

건강한 어른은 어디에 있나요?

발행일	2024년 4월 30일

지은이	박한나		
펴낸이	손형국		
펴낸곳	(주)북랩		
편집인	선일영	편집	김은수, 배진용, 김부경, 김다빈
디자인	이현수, 김민하, 임진형, 안유경, 최성경	제작	박기성, 구성우, 이창영, 배상진
마케팅	김회란, 박진관		
출판등록	2004. 12. 1(제2012-000051호)		
주소	서울특별시 금천구 가산디지털 1로 168, 우림라이온스밸리 B동 B113~115호, C동 B101호		
홈페이지	www.book.co.kr		
전화번호	(02)2026-5777	팩스	(02)3159-9637

ISBN	979-11-93304-81-5 03330 (종이책)	979-11-93304-82-2 05330 (전자책)	

(주)북랩 성공출판의 파트너

북랩 홈페이지와 패밀리 사이트에서 다양한 출판 솔루션을 만나 보세요!

홈페이지 book.co.kr • **블로그** blog.naver.com/essaybook • **출판문의** book@book.co.kr

작가 연락처 문의 ▸ ask.book.co.kr

작가 연락처는 개인정보이므로 북랩에서 알려드릴 수 없습니다.

두 번째 기회가 필요한 청소년들에게는 건강한 어른이 필요해요

건강한 어른은
어디에 있나요?

박한나 지음

북랩

프롤로그

▮
,

〈소년심판〉이라는 드라마에서 소년법 판사로 나오는 김혜수
의 말이 잊혀지지 않는다.

"나는 소년범들을 혐오합니다."라는 말이 나에게도 많은 의미가
부여된다.

'나는 아이들을 아직 사랑하고 있는가?'라는 질문을 스스로에
게 하게 된다.

그동안 위기의 아이들을 만나며 많은 실망도 좌절도 있었다.

언제까지 위기의 청소년들과 함께해야 하는가? 앞으로도 계속
해야 하나? 갈등도 있었다.

그래서 그런지 김혜수의 말이 마치 '사이다'처럼 먹고 난 후 속
이 뻥 뚫린 것처럼 느껴졌다.

어쩌면 나도 그런 말을 하고 싶었던 것은 아닐까?

〈소년심판〉을 끝까지 보며 많은 공감이 되었다.

스토리가 요즘 우리 기관에 오는 아이들과 비슷하기 때문이다.

김혜수, 그러니까 소위 드라마 속의 판사는 개인마다 아픈 사연이 있어서 우리와는 의미가 다르다.

매일 소위 '나대는 아이들', '노는 아이들', '싸가지가 바가지'인 아이들을 만나다 보니 나의 마음은 평온할 때가 없다.

어떻게 저렇게 행동을 할까?

어떻게 저런 말을 할까?

저 말이 어떤 의미인 줄 모르나?

나의 마음에서는 비판 아닌 비판을 하는 경우도 많았다.

이런 아이들을 1년이면 적어도 평균 500명 이상을 만나다 보니 내 멘탈이 제자리에 있는지 확인할 때도 많다.

정신 차리지 않으면 정신이 나가 버리기 때문이다.

그래도 지난 20여 년 동안 지속적으로 청소년들의 대모로 일할 수 있었던 이유는, 첫 번째, 아무리 철없이 행동을 하더라도 아직 순수함을 인정하기 때문이다.

두 번째, 아이들은 아직 캐내지 않은 무한한 잠재 능력 등이 있다는 것이다. 아무리 싸가지 없는 아이들이라 해도 어른들보다 순수하다는 것이다.

세 번째, 얼마든지 변화할 수 있다는 것이다.

단지 아이들 주위에 건강한 어른이 없다는 것이 늘 마음 아플 뿐이다.

부모마저도 아이들만의 문제로 간주하고 포기하는 경우가 많다.

아이들은 어디에 마음을 둘 수 있을까?

이곳에 오는 아이들은 가정을 힘들어한다.

"가정은 보호가 되어야 하는 곳인데 보호는커녕 우리 가정은 창살 없는 감옥과 같아요.

그래서 집에 들어가고 싶지 않아요."

어찌 된 일인가? 부모의 아이들을 향한 학대와 방임은 분명 존재하는데, 정작 부모 당사자는 그것이 학대와 방임인 줄 모르고 있다.

사랑해서 그랬다고 한다.

자식이니까 그랬다고 한다

부모가 말하는 것은 나를 위해 해 주는 말이고 나를 사랑해서 하는 말이라고 하는데, 정작 아이들은 그 좋은 말, 훈계 등이 잔소리로 들리고 지적하는 것처럼 들려서 듣고 싶지 않다고 한다.

일방적인 부모님의 말은 아무리 좋은 말이라고 해도 아이들은 들으려고 하지 않는다.

왜 내가 그러는지 한 번도 묻지도 않고 잘하라고만 하니까 듣고 싶지 않다고 한다.

요즘 무엇이 고민인지, 한 번도 묻지도 않고 공부만 하라고 한다고 한다. 그래서 듣고 싶지 않다는 것이다.

먼저 인생을 살아 본 부모님들은 아이들에게 하는 말이 정답이다. 내 아이가 힘든 세상을 살아가려면 공부를 해야만 하고 돈이 되는 직업을 가져야 하기에 자녀 잘되라고 말을 하는 것이다.

그러나 아이들은 아직 들을 준비가 안 된 것이다.

보이지 않는 미래가 고민인 아이들은 부모님의 말이 마음에 와 닿지 않는 것이다.

일방적인 잔소리, 훈계는 듣고 싶지 않단다.

나를 먼저 생각해 주는 소리 그립다고 한다.

학교 폭력 피해자라고 해도 네가 무언가 잘못했으니까 다른 아이들이 그런 것 아니냐고 말하는 부모들.

나는 아니라고 하겠지만 아이들은 우리 부모님은 말을 하고도 잊어버리고 내가 언제 그랬냐고 한단다.

부모가 아이를 이렇게 신뢰하지 않는데 어떻게 아이가 부모를 신뢰하겠는가?

세상의 모든 부모들이여, 아이들의 문제는 부모가 1차, 2차 가해자라는 것을 잊지 말라.

지금이라도 우리 가정의 문제는 무엇인지, 자녀와의 관계는 어떤지 스스로에게 질문해 보라.

'아이들이 이젠 커서 내 말을 안 들어요. 사춘기 때문에 우리 아이는 방에만 들어가 있어요.

우리 아이는 안 하던 반항을 해요.' 같은 말을 하는 부모님들은 그동안 가정에서 대화가 없었고, 소통이 안 되고 있다고 보면 된다. 가정은 아이들을 보호하고 아이들이 안심할 수 있는 안전한 곳이어야 한다.

반면 부모는 자녀들의 팬이 되어 주어야 한다.

하지만 보호는커녕 가정이 감옥보다 싫다고 하는 아이들이 있다. 왜일까? 한 번쯤을 생각해 봐야 한다. 부모는 아이들이 문제라고 한다.

사춘기 때문이라고 한다.

그러나 아이들의 마음은 그렇지 않다.

신뢰할 수 없는 어른들이 문제라고 한다.

태어날 때부터 위기 청소년이 될 것이라고 생각하는 아이들은 없다.

부모 역시 내 아이가 위기 청소년이 될 줄 몰랐을 것이다.

그러나 자녀의 발달 과정과 가정에서의 부모 역할을 다시 한번 점검하고 아이들의 눈높이를 맞춰 가다 보면 어디서부터 잘못되었는지 알 수 있을 것이다. 아이들은 건강한 어른을 만나고 싶어 한다.

"건강한 어른이 어디에 있나요?"라고 묻는다.

건강한 어른은 없고 자신들을 망가뜨려 놓고 끊임없이 잘못의 길로 이끄는 어른들만 있다고 말한다. 한 사람의 어른으로써 아이들에게 참 미안하다.

어른인 우리가 책임감을 갖고 그동안 무엇이 잘못되었는지 생각하고 수정해 가야 할 것이다.

부모 교육 때 간혹 아이들의 이야기를 말하면 부모님들의 반응은 이해 안 간다고 한다.

얼마나 대화를 많이 하는데 그러냐고 반문한다.

어떤 부모는 "우리 가정은 대화를 많이 하는 편이에요." 하고 반박하는 부모가 계신다.

그러면 "무슨 대화를 주로 하세요?"라고 다시 질문하면, 아이에 대해 관심을 가지고 많이 질문하는 편이라고 말한다.

어떤 분은 대화가 무엇인지도 모른다.

그렇다면 과연 아이들이 원하는 대화인가?

부모가 아이에 대해 궁금해서 물어보는 것은 아닌가?

물어보고 대답하는 것이 대화인가. 역지사지로 생각해 보라.

아이들 입장은 어떨까? 우리 집은 내가 무엇을 하고, 어떤 친구를 만나고, 어떻게 학교생활 하는지를 일거수일투족을 다 알고 싶어 해요.

즉, 일방적 취조식의 대화라고 아이들은 말한다.

아이들은 집에서 부모가 부르면 또 무슨 말을 하려고 그러나?

어떤 잔소리를 하려고 하나? 하는 마음이 먼저 든다고 한다.

아이들은 집에서도 이해받고 웃고 싶다고 한다.

하지만 안 되니까 입을 닫는다고 한다.

아이들은 건강한 어른이 되고 싶어 한다.

하지만 어떻게 건강한 어른이 되는지 모른다.

어떻게 사는 것이 건강하게 사는 것인지 모른다.

건강한 어른이 되려면 무엇을 준비해야 하는지 모른다.

그 누구도 공부할 것을 강조하면서도 건강하게 사는 것이 무엇인지, 미래를 위해 어떻게 준비해야 하는지를 가르쳐 주지 않는다고 한다.

단지 공부를 잘해야 좋은 대학에 가고 좋은 회사에 들어갈 수 있다고 가르쳤을 뿐, 건강한 삶을 살아가려면 어떻게 준비해야 하는지 부족한 것은 어떻게 보충해야 하는지 말해 주는 사람이 없다고 한다.

아이들은 건강한 어른, 자신의 이야기를 들어 주고 궁금한 것을 말해 주는 어른을 만나고 싶다고 한다.

어디에도 나를 지지하고 응원해 주는 사람이 없다고 한다. 위기 청소년이라고 해서 말썽만 부리는 것은 아니다. 위기 아이들이 따로 있는 것이 아니다.

사회와 어른들에게 실망하고 좌절하게 되면서 희망을 찾지 못하면 위기의 아이들이 될 수 있다.

이 책을 읽는 모든 어른들이 아이들에게 희망을 주는 어른이 되어 주길 바라본다.

목차

1부

오늘도 어김없이 시끄럽다

우리 기관은 오늘도 어김없이 시끌벅적하다.

"애들아~ 가방을 내려놓고 주머니에 있는 것도 모두 꺼내 보자.

혹시 담배 숨겨 놓고 온 친구들은 미리 얘기해 줘야 한다.

나중에 발견되면 퇴교할 수 있으니 미리 말하고 퇴교당하지 말자."

"샘, 저는 담배 안 피워요.

손가락 냄새 맡아 보세요."

"손가락에서 이렇게 담배 냄새가 나는데 안 피운다고?

너는 교복 상태가 왜 그러니?

너는 왜 교복을 입고 오지 않았어?"

"교복이 작아서요. 체육복 입고 왔어요."

"저는 교복이 없어요."

조금 후에 지각한 아이들이 온다.

"너는 뇌꾜야!"

"아이, 샘, 길을 찾다가 그렇게 되었어요.

한 번만 봐주면 안 돼요?"

"안 돼!"

"아~ 진짜 너무하네!"

아이는 어쩔 수 없이 되돌아간다.

"다른 곳으로 새지 말고 학교로 바로 가야 한다."

"네! 알았어요."

조금은 신경질이 난 듯하지만 아이들은 말을 잘 듣는다.

아름다운사람들은 학생들이 학교폭력, 성폭력, 교권 침해 등 다양한 사유로 징계위원회 또는 선도위원회를 통해 특별교육 이수 처분을 받았을 때 방문하는 경기도교육청 지정 특별교육 위탁 기관이다. 따라서 주요 사업 중 하나는 학생들을 대상으로 하는 특별교육을 진행하는 것이다.

보통 특별교육 이수 처분을 받게 되면 일주일에 6~30시간, 30시간인 경우 월요일에서 금요일까지 학교 출석 대신 우리 기관을 방문해 교육을 받게 된다.

특별교육을 위탁하는 학교에서 학생의 문제를 적어 이메일로 신청서를 보내오면 교육 날짜가 정해진다. 접수된 신청서를 보면 늘 마음이 무겁다.

오늘도 아이들이 왔다. 사춘기라고 모두 이렇게 말썽을 피우고 사고를 치는 것은 아닐 것이다. 가정과 학교에서 어른들에 대한 신뢰가 깨진 상태로 온 이들은 어디서든 어른을 대하는 태도가 반항적이고 공격적이다. 마음에 분노기 가득 찬 상태로 특별교육에 오는 것이다.

어른들은 자신들도 잘못하면서 가르치려고만 하고 비판하려고만 한다고 아이들은 말한다.

"자기들도 안 지키면서 우리한테만 지키라고 해요. 정말 웃겨요."

아이들마다 각자 사연을 들어 보면 다 어른들에게 상처받은 경험을 가지고 있다.

"몸에 나쁘니까 담배 피우지 말라고 하면서 자기들은 다 피워요."

"이미 한 번 선도 처분 받아서 이제 저는 끝이에요. 잘해도 나한테만 뭐라고 해요."

"난 잘못한 게 없는데 아무리 아니라고 해도 내 말을 들어 주지도 않아요. 진짜 억울해요."

초등학교 6년, 중학교 3년, 고등학교 3년의 긴 시간 동안 아이들의 마음에 지속적인 상처를 남긴다. 한번 상처를 받은 아이들은 열등의식이나 피해의식의 딱지가 들러붙어 있다.

특별교육을 수업을 진행하다가 자신들이 경험한 부당한 일이나 억울한 사연이라도 하나 터져 나오면 모든 아이들이 다 "맞아요."를 외치고, 갑자기 자신들이 경험한 어른들에 대한 성토대회장으로 바뀌게 된다.

아이들은 자신들의 억울한 사연을, 속마음을 들어 주는 특별교육이 학교보다 좋다고 이야기하기도 한다. 이곳에 오는 아이들은 자신의 말을 잘 들어 주다 보면 마음을 열고 오히려 더 다가오는 경우도 많다.

월요일에서 금요일까지 30시간의 교육을 진행하다 보면 정말 다양한 일들이 생긴다.

아이들은 특교를 반드시 이수해야 한다. 이수가 안 되면 또 다른 벌칙이 아이들을 기다리고 있기 때문이다. 최악의 경우 유급으로까지 이어질 수 있다. 그래서 우리는 아이들을 어떻게 해서든지 이수시키려고 하지만, 잘해 주면 진심으로 받아들이지 않고 역으로 선생님들을 이용하려는 경우도 많다.

이미 너무 많은 상처들이 자리 잡고 있기 때문이다.
이런 아이들을 어르고 달래는 우리의 마음 또한 상처를 받기도 한다.

아이들은 반드시 이수시켜야 한다.
그래야 학교로 복귀가 가능하다.
이수 안 되면 또 다른 벌칙이 기다리고 있기 때문이다.
하지만 아이들은 어르고 달래는 것조차 왜곡을 하고 어긋난 행동을 하는 경우도 많다.
이미 너무 많은 상처들이 자리 잡고 있기 때문이다.

잘해 주면 진심으로 받아들이지 않고 역으로 선생님들을 이용하려는 경우도 많다.

선생님들이 가장 난처하거나 힘든 것은 흡연 때문에 선도를 걸쳐 본 기관에 온 아이들은 흡연을 절대 하지 못하도록 해야 하고, 근태로 오는 아이들은 졸면 안 된다는 것을 철저히 일러야 하기에 아이들과 보이지 않는 씨름을 한다.

심하지만 않다면 웬만큼 모두 이수를 시키려 한다.

그래서 아이들에게 강의하는 선생님들은 많이 힘들어한다.

2018년, 처음 특별교육 기관으로 지정받으면서 나는 아이들이 어디에서든 지적만 받으니까 우리라도 아이들에게 잘해 주자는 마음으로 아이들을 맞이했다.

4명을 받아 일주일 동안 30시간을 교육하는데 아이들이 도저히 손에 잡히지 않는다.

아이들은 친절하고 부드럽게 대해주면 내 머리 꼭대기에 올라앉으려 했다. 규칙을 아무리 잘 정하고 아이들과 약속을 해도, 아이들은 기상천외한 방법으로 반응해서 늘 힘겨루기를 해야 했다.

우리는 어쩔 수 없이 전원 미이수 처리를 하고, 학교로 아이들을 학교로 돌려보낼 수밖에 없었다.

아이들을 찾아 학교로 거리로 헤맨 적도 있다. 아이들이 점심 시간에 거짓말을 하고 다른 곳으로 도망을 갔기 때문이다.

그때부터 '어떻게 하면 오는 아이들을 30시간 이수하게 할 수 있을까?'라고 고민하다 기존 방침을 철회하고 규칙을 정하고 절대 예외 없이 실행하는 방침을 만들게 되었다. 아이들이 규칙을 하나라도 어기면 바로 퇴교시켜 학교로 돌려보내기로 했다.

학교로 특별교육 규칙을 보내 아이들과 학부모에게 공지를 시키고, 첫째 날 조회 때 규칙을 지키지 않으면 퇴교를 시키기로 서약서까지 받는다. 1분이라도 지각하면 퇴교, 담배를 가지고만 있어도 퇴교, 교복을 안 입으면 퇴교, 슬리퍼를 신고 오면 퇴교 등등 많은 규칙이 시행착오 가운데 만들어졌다.

"특교 규칙에는 어떤 예외도 없다. 교육받기 싫은 친구들은 다시 학교로 가면 된다. 너희들이 규칙만 잘 지켜 주면 우리는 마음 좋은 사람이 될 거야. 하지만 조금이라도 규칙을 어기면 학교로 돌아간다."

아이들은 "와, 이전엔 개꿀이었는데 왜 이렇게 살벌해졌어요?"

라고 물어본다.

"그러게! 개꿀이고 싶은데, 오는 아이들이 워낙 규칙을 안 지켜서 점점 강해진 거야."

"우리는 잘할게요. 꼭 이수시켜 주세요."

점심시간 때 아이들을 복도에서 만나면 아이들은 이렇게 말한다.

"우리 잘하고 있죠?"

"그래 잘하고 있어. 너희처럼만 하면 아무도 퇴교 안 시킬 텐데…"

아이들은 깔깔대며 무척 좋아한다. 나는 지금도 아이들 기강을 잡는 역할을 하고 있다.

매주 아이들이 바뀌기 때문에 지속적인 교육이 아닌 일회성 교육으로 소모되는 게 너무 힘들고 아까울 때가 있다.

명확한 선을 제시하고 그 선을 어기면 그 책임을 자신이 져야 한다는 사실을 가르치는 것이 중요하다는 것을 깨닫는다. 학교의 교칙을 어겨서 특교를 이수해야 하는 아이들에게 선을 지키고 교육을 잘 받고 학교로 복귀시키는 것이 우리가 할 일이었다.

이런 청소년들과 함께한 시간이 벌써 20년이 넘었다.

방황하는 아이들에게 도움을 주고자 나는 범죄심리학까지 전공하게 되었다.

범죄심리를 공부하면서 법과 규칙을 어떻게 인식하고 이해하는지에 대해 조금씩 이해하게 되었다. 우리에게 오는 아이들 모두 학교로 복귀시키고 다시 오지 않도록 지금도 연구하고 고민하게 된다.

아이들의 문제는 결국 부모의 문제이고, 어른의 문제이며, 가정의 문제이다. 너무 심각한 아이들은 부모님께 연락을 해서 만나는 경우도 있다. 부모를 만나 보면 놀랍도록 문제 행동을 일으킨 아이와 닮았다는 것을 발견하게 된다.

어린 시절 자신이 억압받고 힘들었기에 자신의 자녀는 무조건 풀어 놓고 기른다고 자랑하는 부모들도 많다. 어떤 부모는 맞벌이로 인해 아이를 방치해서 이렇게 된 것 같다고 눈물을 흘리는 분들도 계신다.

하지만 대부분 부모들은 "사춘기이기 때문에 그러니 조금만 봐주세요. 이수만 시켜 주세요."라고 말한다.

처음엔 그런 말을 들으면 받아들였다.

그런데 아이들은 그것 또한 이용한다.

"그곳은 개꿀이야!"라고 소문도 낸다.

그렇다 보니 오는 아이들마다 엉망으로 행동하거나 왜 쟤는 봐주고 나는 안 봐주냐고 따지는 아이들도 종종 발생했다. 나는 아이들이 억울한 마음이 들지 않도록 명확하게 설명해 준다.

아이들 한 사람, 한 사람을 보면 다 착하다.

재능과 가능성도 많다. 하지만 뭉치면 핵폭탄이 된다.

오늘 처음 보는 사이라고 해도 서로 빨리 동요되기 때문에 금방 친해진다.

왜 누구는 봐주고 우리에게는 강하게 하느냐고 따지기도 한다.

나도 너희들을 봐주고 싶다. 하지만 너희의 행동은 어떻게 봐줄 수 있겠니? 라고 하면 아이들은 오늘까지만 봐 달라고 애원한다.

우리는 그동안 왔던 아이들의 행동이 너무 심해서 이곳에 온 만큼 행동 수정 위해 규칙을 만들었다.

하지만 아이들은 여전히 선을 넘고, 하지 말라는 행동을 한다.

최근에 생긴 규칙 중 냉장고를 함부로 열지 말라는 조항이 있다. 한 아이가 냉장고 속에 있던 포도주스를 몰래 꺼내 먹고 들키지 않으려고 창밖으로 던졌는데, 그걸 지나가던 행인이 맞아서 손해 배상을 해 준 적이 있기 때문이다.

아이들의 전략도 점점 발전한다. 담배를 창틀이나 소화전, 계단 실, 소화기 밑 등등에 숨겼다가 쉬는 시간에 피우기도 하고, 그 정보를 다음 기수 친구들한테 공유하기도 한다.
그래서 우리도 날마다 발전을 해야 한다.

학교 선생님들은 우리 기관을 좋아한다. 규칙이 까다롭고 힘든 프로그램이 많이 있기 때문에 다시 오지 않기 위해 교칙을 준수 하려는 아이들이 많기 때문일 것이다.
그렇게 한 걸음 한 걸음 성장하다 보면 건강한 어른으로 성장 할 것이라는 희망을 늘 잃지 않으려고 노력한다. 아마도 위기 학 생들과 20여 년을 함께 할 수 있었던 것은 아이들은 변화할 수 있는 가능성이 있다는 것을 알기 때문일 것이다.
아이들에게 자신들 옆에 건강한 어른이 있다는 것을 보여 주 고, 자신을 믿어 주고 응원해 주는 어른이 있다는 것을 느끼게 하려고 노력하며 수많은 청소년들을 만나다 보니 가끔 건강한 어 른으로 잘 성장해 가는 모습으로 찾아오는 아이들이 있을 때가 있다.

대학에 가고 군 입대를 앞두거나 휴가나 방학 기간에 종종 간식을 들고 찾아오는 아이들이 있다.

"선생님, 여기만 규칙이 빡센 거 아시죠?"

"오, 그러니?"

"왜 그렇게 세게 하셨어요?"

"너희들 이수시켜서 학교 돌려보내려고 그랬지. 많이 힘들었지?"

"네, 그때는 진짜 짜증 났었는데, 지금보니 왜 그랬는지 알 것 같아요. 특교 하는 데 여러 군데 가 봤는데, 여기가 제일 생각이 났어요."

"좋았다는 이야기지?"

"그럼요. 선생님이 '이제 다시 보지 말자.'라고 인사하시며 졸업하고 언제든지 놀러 오라고 하셨던 말이 기억에 남아요."

이렇게 건강하게 다시 방문하는 아이들을 보면 참 감사하고, 그동안 힘들었던 모든 기억이 씻겨 내려가는 것 같다.

"어떻게 그런 아이들을 그렇게 한결같이 교육해요? 힘들지 않으세요?"라고 누군가는 묻는다. 그럼 나는 늘 이렇게 대답한다.

"괜찮아요. 재미있어요. 보람도 있구."

아이들이 변화되어 가는 모습, 잘 성장해 가는 모습을 보면 정말 행복하다. 어른이 되면 변하기 힘들지만, 아이늘은 아니다. 조금만 신경 쓰고, 이야기를 들어 주고, 격려해 주면 아이들에겐 무한한 가능성과 잠재력이 샘솟는다.

물론 나도 힘들 때가 있다. 위기 아이들의 지금 상태만 보면, 아이들이 저지른 비행만 보면 혐오의 감정이 들 때도 있지만, 나는 그때마다 아이들의 가능성을 보려고 노력한다.

목소리가 좋은 아이가 있으면 "목소리가 성우 뺨치는데?", 그림 잘 그리는 아이들 보면 "야~ 애니메이션 작가 해야 하는 거 아니니?" 등등 칭찬을 한다. 그러면 아이들이 수줍게 대답한다.

"정말요? 샘, 저 놀리는 거 아니에요?"

"아니야! 정말 목소리 좋아. 아나운서나 성우 해야 하는 거 아니야?"

"아나운서 하려면 공부 잘해야 하잖아요."

"지금부터 하면 되지! 목표만 있으면 할 수 있지. 나중에 잘 풀리면 나 모르는 체하면 안 돼?"

"알았어요. 제가 아나운서 되면 여기 제가 후원할게요."

"그래. 꼭 부탁한다~"

한 아이는 건강하게 성장해서 결혼한다고 자신의 파트너와 함께 찾아온 경우도 있었다.

이렇게 아이들이 고맙다고 찾아올 때 정말 행복하다. 이 아이들이 왜 다시 여기를 찾아올까? 아이들의 말을 조합해 보면 그땐 힘들었지만, 그렇게 자기들에게 관심을 기울여 주고 먼저 공감해 준 인생의 30시간이 그들에게 매우 소중한 시간이었으며, 일종의 삶의 지침이나 자신에 대한 믿음과 가능성을 발견한 것은 아닐까 생각해 본다.

청소년들의 주변에 있는 어른들에게 이렇게 부탁하고 싶다.

아이들의 행동만 보고 판단하지 말고 아이들의 가능성을 함께

봐 주시면 좋겠다고….

자신의 기준으로 보지만 말고 아이들의 입장에서 바라봐 주기
를…

아이들에게는 하나님이 주신 놀라운 잠재력과 가능성이 있음
을 늘 기억해 주시면 좋겠다.

아이들의 말에 귀를 기울이고 그들의 관점에 공감하게 되면, 아
이들은 마음을 열고 우리에게 다가온다. 그때가 되면 우리 아이
들은 쓰게 느껴지는 말도 귀한 말로 받아들일 준비가 된다.

아이들이 신뢰할 수 있는 건강한 어른들이 이 사회에 많아지면
참 좋겠다.

아이들은 어떤
어른들을 좋아할까?

아이들은 어떤 어른들을 좋아할까?

우리의 청소년들이 20세가 되면 가장 하고 싶은 것은 무엇일까?

"얘들아, 20살 되면 가장 하고 싶은 게 뭐니?"
"친구들이랑 마음껏 술 마시고 클럽에 가고 싶어요."

이게 내가 가장 많이 들었던 청소년들의 대답이다.

이 꽃다운 성인의 시작점에서, 그토록 고대하던 20살이 되면 가장 하고 싶은 것이 겨우 술을 마시는 것이라는 사실이 너무 서글프다. 왜 우리의 소중한 청소년들은 20살이 되면 가장 하고 싶은 것이 술을 마시고 싶다고 생각하도록 자라나고 있을까?

아이들이 이상 행동을 하고 문제를 일으키는 이유가 전적으로 어른에게 있다고 말한다면 많은 반발이 있을 것이다. 하지만 어른들은 아이들의 거울이자 모델이다. 상담과 교육 분야 현장에서 경험하고 수많은 사례를 살펴본 바, 어른들의 생각과 행동 그리고 감정이 아이들에게 미치는 영향은 정말 놀랍다.

예를 들어, 금연 교육을 하는 교사가 담배를 피운다면, 더군다나 담배 피우는 것을 교육 대상자가 보게 된다면 그 교육은 효과가 있을까? 적어도 아이들에게 금연 교육을 하는 사람이라면 금연을 하고 말해야 할 것이다.

청소년들의 관점에서 보면 이 세상은 이중적인 메시지가 넘쳐난다. 학교에서 교복을 단정하게 입으라고 지도하면서 또래 아이돌은 헐벗은 의상을 하고 미디어에 나온다. 학생 때는 공부에 전념해야 한다고 하면서 노래방, 피시방 등을 교통카드로도 결제를 할 수 있게 만든다. 청소년은 술, 담배를 하면 안 된다고 하면서 나이가 들면 취해 길거리에 널브러지고 토를 할 때까지 술을 마셔도 되는 것일까? 그 나이 기준은 법적, 의학적, 사회적으로 어떤 의미를 가지고 있는 것일까? 암 사망률 부동의 1위인 폐암의 주원인인 흡연은 20세가 되는 1월 1일부터 아이들 건강에 덜 위험해지는 것인가? 부모님들끼리 피 터시에 부부씨 움을 하면서 친구들끼리 사이좋게 지내라고 하는 것은 설득력이 있는가? 온갖 불법 도박 사이트를 만들어 놓고 청소년들에게 하지 말라고 하는 것은? 청소년의 성은 보호되어야 한다고 하면서 미성년자 성매매 알선으로 돈을 벌고, 청소년 성 구매에 혈안이 되어 있는 성인들의 모습은 어떤가?

청소년들은 스무 살이 되기를 기다린다. 자신의 행동에 대한 책임을 질 의무가 있다는 것보다 지금 금지된 것을 성인이 되면 내 마음대로 할 수 있다는 자유에 방점이 찍혀 있는 꼴이다.

모범이 되기보다는 아이들에게 금지된 것을 누릴 수 있는 존재로 각인되는 것이다.

아이들은 어른들이 하는 모든 행동을 관찰하고 있다. 때로는 어른들을 비웃기도 하고, 모방도 한다. 특히 별로 좋지 않아 금지된 것을 먼저 흉내 내기 마련이다. 즉, 잘못된 행동도 어른만 되면 가능하다는 메시지는 청소년들에게 나도 어른이 되면 금지된 것을 마음껏 해 보고 싶다는 소망을 갖게 한 것이다.

건강하지 않은 어른들이 아이들을 가르치고 있으니 아이들은 어른들을 신뢰하지 않는다. 자신들의 관점에서 볼 때 불합리하고, 이중적인 어른들을 청소년들은 인정하지 않는다. 당연히 어른들의 말은 잔소리다. 아이들은 어른들에게 속으로 '너나 잘하세요~'라고 비꼬듯 대답한다. 그리고 자신들을 가르치려는 어른들을 '꼰대'라고 부른다.

하지만 그들의 마음 깊은 곳에서는 자신들을 잘 이해하고 받아들여 주며, 따뜻하게 자신을 받아들여 주고 모범이 될 만한 건강한 어른을 찾는다.

하지만 그런 건강한 어른을 만나기는 쉽지 않을 것이다. 부모는 아이들에게 어려운 문제가 생기면 서로가 원인이라고 마치 폭탄 돌리기 하듯 아이들을 취급한다. 그런 말들을 듣는 아이들의 마음은 어떨까? 자신이 잘못한 것이 있어도 부모가 서로 탓을 하며 싸우는 모습을 보면 아이들은 위축된다.
아이들이 부부싸움을 말려도 돌아오는 대답은 이렇다.

"네가 잘하면 엄마 아빠가 왜 싸우겠니?"

아이들 입장에서 이런 말을 듣게 되면 집에 있고 싶은 마음이 없어진다.

"샘, 나 때문에 엄마, 아빠가 또 싸워요."

연락이 올 때가 있다. 그럼 나는 다른 데 가지 말고 센터로 오라고 답을 한다. 일단 안전을 확보하는 게 중요하기 때문이다. 어떤 아이가 팔에 시퍼렇게 멍이 든 상태로 센터를 방문한 적이 있다. 어떻게 된 거냐고 물으니 "아빠가 골프채로 때렸어요."라는 대답을 들었다. 아버지 입장에서는 아이가 계속 말을 안 듣고 사고를 치니까 훈육이 방법이라고 생각할 수 있겠지만, 이것은 개인이 개인에게 향한 엄연한 폭력이다.

마음이 좀 진정된 아이는 이것저것 다양한 이야기를 풀어놓는다.

"그동안 여러 번 맞았어요."

"으이구, 아빠 말 좀 잘 듣지 그랬어~"

"이제 제가 잘해도 소용없어요. 내가 아무리 노력해도 한 번도 인정받은 적 없어요. 이제 저도 모르겠어요. 집이 싫어요. 그래도 우리 집은 괜찮은 편이에요. 용돈은 많이 주거든요. 기분 좋으면

해 달라는 거 다 해 줘요. 우리 아빠 부자예요."

이렇게 일관성 없는 부모의 모습에서 아이들은 어떤 것을 배울까? 문제가 처음 생겼을 때 한 번만이라도, 왜 그런 상황이 생기게 된 것인지, 아이들 입장에서 한 번만이라도 들어 봤더라면 어땠을까? 나는 아이들도 부모도 안쓰럽다.

앞으로 이런 상황이 생기지 않으려면 어떻게 해야 하는지 가족들이 함께 문제를 직면하고 원인에 대해, 해결 방법에 대해 고민하고 의논한다면 어떨까?

해결 방법을 고민하다 보면 부모는 부모대로, 아이는 아이대로 성장하는 기회가 될 수 있을 것이다.

하지만 부모들은 일단 화를 내고 시시비비를 가리고 싶은 본능에 사로잡힌다. 너 때문이라고 말하고 싶다. 또 반대편에서는 '이러다 말겠지.', '사춘기 때는 다 그런 거 아니야', '군대 갔다 오면 괜찮아지겠지?', '어른이 되면 괜찮아질 거야.'라는 불안한 소망에 기대어 묻어 버려서도 안 된다. 아이들이 스스로 자신의 문제가 무엇인지, 왜 내가 이런 행동을 하게 되었는지 생각할 수 있고, 원인을 발견하고 고쳐 나갈 수 있도록 돕는 것, 그것이 건강한 어른의 역할이다.

이렇게 문제를 해결하는 모습을 함께 배워 간다면 지금 우리 앞에 닥친 문제는 전화위복(轉禍爲福)의 발판이 될 수도 있다.

가정은 아이들의 놀이터이자 안전지대가 되어야 하며, 부모는 자녀의 전적이 팬이 되어 줘야 한다. 연예인들을 보라. 변함없는 사랑으로 지지자가 되어 주는 팬들이 많은 연예인들은 보통 힘든 연예인 생활을 오래 버텨 나갈 수 있다.

자녀의 팬이 된다는 것이 무조건 이해해 주라는 것을 의미하는 것은 아니다. 또 극성 팬처럼 매사에 아이들을 자신의 마음대로 조정하라는 것도 아니다. 만약 태어날 때부터 성인이 될 때까지 사사건건 끊임없이 매뉴얼을 제시한다면 아이들은 숨이 막힐 것이다.

'이렇게 살아야 한다. 이렇게 살지 않으면 안 돼.'

'그렇게 하면 안 돼. 이렇게 해야지.' 등등의 지시로 아이들은 지쳐 간다.

"샘, 전 집에 들어가는 게 제일 싫어요. 불편하고 답답해요. 숨이 막혀요. 이 가슴이 답답해서 집에 있을 수가 없어요."

지역에서 노는 아이로 유명했던 아이의 마음 속 깊은 호소이다.

그동안 수많은 청소년들을 만나면서 가장 중심에 두었던 고민은 바로 '어떻게 하면 아이들이 건강한 어른으로 성장하도록 도울 수 있을까?'였다. 그래서 나는 부모님들을 교육할 수 있는 기회가 있을 때마다. '자녀에게 설교하려고 하지 마라. 어른의 생각을 주입하려 하지 마라. 지침서를 내리듯 다루지 마라. 위압적으로 지시적으로 말하지 마라.'라고 수없이 강조했다.

자녀가 말하는 것을 중간에 끊지 말고 다 들어 주어야 한다. 그 후 "네가 말하는 것이 이런 의미지?", "너의 말은 이런 의도로 이야기한 거니?"라고 질문법을 사용해 의도를 명확하게 하는 것이 좋다.

"그래, 그랬구나! 엄마가 한 번 더 생각해 볼게! 그런데 너는 엄마의 이야기를 어떻게 생각하니? 너의 생각은 어때?"등의 질문으로 아이들이 스스로 고민하여 길을 찾을 수 있을 때까지 돕는 대화 방법을 사용하는 것이 좋다. 기다려 주고, 재촉하지 않는 여유가 필요하다.

하지만 이런 대화법을 듣는 부모님들은 대부분 마음이 바쁘다. 어디까지. 얼마나 기다려 줘야 하느냐는 질문이 돌아오기 일쑤다. 이런 조급함이 자녀를 재촉하게 만들고, 자녀와 서로 신뢰하지 못하게 하는 근원이나. 소급함은 부모의 불안에서 기인한다. 부모가 불안한 마음으로 자녀를 바라보면 아이들은 그 상황을 회피하고 현실을 도피하여 밖으로 나가는 원인이 된다.

"아이들을 믿고 끝까지 경청하고, 질문법으로 대화를 하며 기다려 주세요. 아이가 스스로 자신의 문제를 찾고 해결해 갈 수 있도록 기다려 주셔야 합니다."

우리 자녀들이 때때로 마주하게 되는 문제를 부모의 입장에서 보면 너무나도 쉽고, 답이 정해져 있는 경우가 대부분이다. 아이들을 사랑하는 마음에, 또 조급한 마음에 부모가 개입해 문제를 해결해 준다면 아이들은 그 문제로 성장할 기회를 빼앗기게 될 것이다. 심지어는 이런 것 하나 못하냐고 나무라고 무안하게 한다면 아이들은 그런 부모를 좋아할 수가 없다.

때론 더 이상 돌이킬 수 없는 부모 자식 관계가 된 가족을 만나게 된다. 그들의 상태를 분석하고 진단을 내리게 되면 부모들은 후회와 함께 좌절의 감정을 동시에 드러내는 경우가 많다.
물론 이미 지나간 일이기에 잘못된 양육 방식을 되돌릴 수 없다고 한탄할 수 있다. 하지만 건강한 어른이라면 포기보다는 지금 상황을 해결할 방법을 찾고 노력하는 모습을 보이는 것이 맞다. 지금부터라도 다시 아이들 편에 서서 자녀의 팬이 되어 지속적인 지지를 보낸다면 망가진 관계는 다시 회복될 수 있다. 재단하고 지적하고 가르치려고만 하지 말고 부모로써 잘못된 것을 인정하고 사과하고 진심을 전달한다면, 이이들의 감정에, 아이들의 말에 귀를 기울일 때 많은 문제가 서서히 회복되어 가는 것을 수없이 목격했다.

우리 청소년들은 참 착하다. 수많은 상처를 받았음에도 아이들은 진심 어린 부모의 사과에 반응한다. 부모가 내미는 손을 매몰차게 거절하지 않고 맞잡으려고 노력하는 아이들이 대부분이다.

"많이 좋아진 것 같아요. 부모님이나 나나 아직 힘들 때도 있어요. 그래도 예전보단 훨 좋아졌어요."

살아 있는 사춘기의 밤
(Night of the Living Youth)

어린 시절 기억에 남는 공포 영화가 있다. 〈살아 있는 시체들의 밤(Night of the Living Dead)〉. 최근 세계적인 인기를 얻은 〈부산행〉이나 〈킹덤〉의 고조할아버지쯤 되는 영화라고 할까? 조지 로메로 감독의 1968년 작품으로, 밤이 되면 일어나는 좀비들에 의해 외딴집에 갇히게 된 사람들이 탈출하려고 시도하지만 결국 모든 사람들이 죽게 되는 흑백 영화이다. 어린 시절, 저녁때가 되면 스멀스멀 땅에서 살아 올라오는 좀비들의 모습이 얼마나 공포스러웠던지. 아직도 나의 뇌리에 강하게 남아있다.

사춘기 자녀를 둔 부모들은 처음 경험하는 생소함에 경악하기 일쑤다. 그렇게 말을 잘 듣고 예쁘던 아이가 때가 되면 갑자기 돌변하기 때문이다. 마치 아름답던 정원에서 밤이 되면 끔찍한 좀비들이 살아나듯 모든 아이들에게 사춘기가 찾아온다. 정도의 차이는 있겠지만 그렇게 재잘거리던 입이 다물어진다든지, 감정 기복이 격해지고, 친근하게 엄마 가슴에 안기고 시키지 않아도 아빠 볼에 뽀뽀하던 아이들에게 찬바람이 분다. 대신 친구들을 찾아 밖으로 나돈다. 별것 아닌 것에 감정이 폭발하고, 화를 내고. 무모한 행동을 하고. 승부에 대한 욕구가 들끓어 오른다. 그렇다. 사춘기가 온 것이다.

사춘기가 되면 우리의 아이들은 안드로겐과 에스트로겐. 즉 성호르몬을 비롯한 다양한 호르몬의 영향을 크게 받는다. 이 때문에 발생하는 사춘기의 여러 가지 특징들을 살펴보면 다음과 같다.

- 즉각적인 보상이 강한 것에 몰두한다.
- 무모한 행동을 서슴지 않고 한다.
- 감정 기복이 심해진다.
- 금방 들킬 거짓말도 아무렇지도 않게 한다.
- 자극 추구와 충동성도 더 강해진다.
- 수면에 문제가 생긴다.

건강한 어른은 어디에 있나요?

수면에 대해 이야기해 보자. 수면은 인간에게 무엇보다 중요한 휴식과 회복의 행동이다. 일찍 자고 일찍 일어나야 하는데, 대부분의 청소년들은 잠을 자려 하지 않는다. 밤에 공부해야 집중이 잘된다고, 음악을 들으면서 공부해야 효율이 높다고 억지를 부린다.

많은 아이들이 낮에 학교에서 잠을 자고, 밤이 되면 생기가 돈다. 밤이 좋아진다. 부모가 잠이 들면 좀비처럼 슬그머니 밖에 나가 길거리를 배회하기도 한다. 밤늦게 아이들은 이유와 목적 없이 밤에 친구들과 천지를 쏘다닌다. 편의점 의자에 앉아 노닥거리거나 때로는 고성을 지르며 뛰어다니기도 하고, 사건 사고에 휘말리기도 한다. 또래 친구들을 만나 담배를 배우고, 분위기에 휩쓸려 절도를 하거나, 심하면 오토바이나 스쿠터를 훔쳐 상해 사고까지 일으키는 경우가 종종 있다. 친구들에게 배워 음란물을 공유하고 지인에게 보내 성범죄에 연류되거나 불법 도박에 빠지기도 한다.

새벽이 다 되어 무사히 집에 들어오면 다행이다. 부모님이 깨기 직전 집으로 들어가 잠을 자는 척하기도 한다. 그리고 아침에 부모님들이 출근하시고 잠들어 학교에 등교하지 못하거나 학교에 가서도 잠만 자기도 한다.

이쯤 되면 부모들은 도대체 이해를 할 수가 없을 것이다. 고민을 하다가 전학을 결정하기도 하고, 심지어 유학을 해결책으로 선택하는 가정까지 있다. 하지만 이러한 도피도 좋은 해결책이 되긴 쉽지 않다. 왜냐하면 원인에 대한 정확한 해결책이 나와야 하는데, 현상과 결과만 보고 다급하게 선택한 선택지는 사태의 반복만을 가져올 뿐이다. 아이를 상담센터나 정신과에 데리고 가는 경우도 있다. 아이의 문제를 상담을 통해 빨리 해결하겠다는 의도이다. 하지만 대부분의 경우, 문제는 부모가 아이에 대해 이해하지 못하거나 사춘기의 특성을 이해하지 못하는 데서 시작한다.

사춘기에 왕성해지는 각종 호르몬의 영향과 심리적으로 자아를 찾아 떠나는 여행이 시작되었다는 신호라는 것을 받아들여야 한다.

하지만 부모들의 마음은 그렇지 않다. 마치 수술이나 과학 실험을 하듯 청소년기와 사춘기의 문제의 원인을 빠르게 파악해서 문제점만 도려내거나 환경만 조금 바꾸면 모든 것이 해결된다고 생각하는 것 같다. 모든 아이들에게는 사춘기가 필요하다. 나 자신에 대해 고민하고 실수하고 답을 찾아가는 과정이 모두에게나 필요하다. 하지만 부모들은 고민하고 머뭇거리고 실수하는 것을 참아 주지 않는다.

"이렇게 하면 되는데, 왜 그렇게 답답하게 그러고 있어?"

또, 소위 말해 '라떼는'을 시전 하기도 한다.

"아빠 때는 말야, 이렇게 좋은 집도 없었고, 학원도 없었어. 이렇게 좋은 방에, 이렇게 좋은 책상에, 어려운 과목 학원까지 보내 주는데 너는 왜 못하는데?"

이런 부모를 만나게 되면 아이 상담이 아니라 부모부터 상담을 권유하고 싶은 마음이 굴뚝같다. 내가 어떤 존재인지 궁금하고 고민하는 아이들이 친구들을 좋아하는 이유는 너무 간단하다. 내가 뭐라고 해도 같이 웃고 나를 지지해 주는 친구가 잔소리만 하는 부모보다 훨씬 좋지 않을까?

요즘은 사춘기도 매우 빠르다. 예전에는 중학교 1-2학년 정도에 시작이었다면, 요즘은 사회, 문화가 발달하고 영양 공급이 좋아지면서 초등학교 4-5학년부터 시작되기도 한다. 6학년쯤 되면 본격적으로 시작된다고 보면 된다. 이차 성징도 빨라지면서 성적인 호기심이 생기고 음란물을 서로 공유하기도 한다. 관심이 부모를 떠나 친구들로 옮겨 가서 SNS를 활용하여 트렌드를 파악하고 또래 집단의 취향을 습득한다. 이 두 가지가 합쳐져서 성적 호기심과 타인의 관심을 끌기 위해 어떤 아이들은 부적절한 메시지를 보내기도, 하고 때로는 자신의 신체 부위 사진을 공유하기도 한다. 그래서 어느 때보다 예민하고 자신만의 비밀이 많아진다.

사춘기는 신체적, 인지·정서적으로 극단적 변화를 가져오기 때문에 아이들은 완전히 다른 존재가 된다. 그리고 아이들은 또래 집단을 사이에 묻혀 자신들의 모든 행동을 합리화한다. 자신의 자아형성을 위해 기존의 권위와 존재를 부정하고 우습게 여긴다. 극단적으로 사회적인 선을 넘는 것을 두려워하지 않는다. 넘치는 정보를 가지고 공권력도 무서워하지 않는 아이들도 있다. 뉴스에 빈번하게 등장하는 촉법소년이 바로 이들이다.

수강명령 교육을 진행하면서 지속적으로 만나게 되는 청소년들과 부모들의 모습은 이렇다. 아이가 사춘기를 세게 겪다가 범죄를 저지른다. 이때 요즘 부모들은 로펌(Law firm)부터 찾는다. 이런 부모를 위해 마케팅에 열을 올리는 곳도 여러 곳이다. 그들은 가족을 위기에서 구원해 줄 수 있는 유일한 사람들인양 행세하고, 거액의 수임료를 요구한다. 부모도 자녀를 위한다는 명목하에 변호사를 선임하고 그 뒤에 숨어 소년 재판을 진행한다. 그리

건강한 어른은 어디에 있나요?

고 판결대로 보호 처분을 마무리하고 고생했다고, 이제는 다 잊어버리고 새출발하자고 자녀를 위로하고 사건을 종결한다.

하지만 이렇게 사건을 마무리 짓는 과정을 보고 있으면 뭔가가 빠져 있다는 생각이 든다. 누구나 실수나 잘못을 할 수는 있다. 더 어려운 것은 잘못을 인정하고 다시 잘못된 것이 반복되지 않도록 하는 것이 제일 중요하지 않은가? 건강한 어른이라면 이 사건에서 어떠한 것을 고민해야 할까? 바로 원인과 동기 그리고 원상 복구를 고민해야 할 것이다. 아무리 귀한 자녀라 할지라도 아이가 이런 범죄를 저지른 원인은 무엇이었는지, 또한 그 동기는 무엇인지, 그리고 미성년 가해자인 자녀가 이 사건이 없었던 것처럼 원상 복구를 할 수 있는 방법이 무엇인지 고민해야 할 것이다. 원인과 동기를 발견하기 위해서는 고통스럽고 피하고 싶은 순간을 많이 마주하게 될 것이다. 우리가 귀에 못이 박히도록 들어왔던 우리의 가정 교육에는 문제가 없는지, 아이가 범죄를 저지르게 된 동기에 대해 집요하게 파헤치고, 다시는 이런 일이 반복되지 않도록 잘못된 가치나 판단 기준을 가지고 있지는 않은지 고민하도록 이끌어야 한다. (취조하거나 정서적 학대를 하라는 뜻은 절대 아니다.) 가해자의 삶의 건강한 원상 복구는 일어난 사건이 없었던 것처럼 다 잊는다고 이루어지지 않는다.

건강한 어른이라면 어떤 사고가 생겼을 때 회피하지 않고 문제를 직면해야 한다. 사건의 잘잘못을 가리고 잘못한 것이 있다면 피해자에게 진심으로 사과하고, 사건 전으로 원상 복구 되도록 최선을 다할 것이다. 그리고 사건의 원인을 파악하고, 왜 이런 사건이 생겼는지 분석하고, 다시는 이런 일이 일어나지 않도록 개선하는 노력을 해야 할 것이다. 왜 이런 문제가 일어났는지 온 가족이 진지하게 고민하고 행동을 수정하는 모습을 보일 것이다. 부부끼리 서로 책임을 떠넘기지 않고 가정에서 아이에게 보여 줬던 말과 행동을 점검하고, 수정하고, 가정의 분위기와 교육철학을 점검할 것이다.

앞에서 언급한 사건 해결 과정에서 빠져 있는 것은 바로 당연히 존재하는 사건의 피해자이다. 내 자식이 이 세상에서 가장 중요한 것은 어떤 부모도 마찬가지일 것이다. 그럼에도 잘못한 것이 있다면 그것을 정직하게 책임지는 것이 건강한 어른의 방법이다. 수강명령 교육에 참여한 어떤 부모들은 사건의 피해자를 헐뜯고 나쁜 의도를 가지고 있었다며 비방을 하기도 한다. 그런 부모들을 만나면 너무 안타깝다. 아이들은 이 부모에게서 무엇을 배울까? 자신이 잘못해도 남 탓으로 돌리고, 진심으로 사과하지 않는 태도를 배우지는 않을까?

괴롭고 아프더라도 잘못된 것은 인정하고, 반성하고, 고치려는 모범을 보여 줄 어른이 필요한데, 그런 어른은 만나기가 쉽지 않다.

부모가 건강한 어른의 모습으로 자신이 저지른 잘못을 해결하는 모습을 경험한 아이들은 세상 어디에서도 경험하지 못할 소중한 교훈을 배우게 될 것이다.

가끔 수강명령 교육을 마치고 나면 깊이 머리를 숙이고 감사의 마음을 전하시는 부모님들이 계신다. 감사하다고, 잘 배우고, 다시는 이런 일이 일어나지 않도록 잘하겠다고 하시며 떠나시는 부모님들의 뒷모습을 보면 안 좋은 사건이었지만, 이 경험을 통해 바뀌어 갈 그 가정과 아이의 모습이 기대가 된다.

아이들은 수면 장애로 인해 초저녁에 자거나 밤을 새우는 경우가 많다.

밤늦게 야식을 먹거나 부모님이 자는 시간에 밖으로 나가는 아이들이 생각보다 많다.

집에 있으면 답답하다고 한다.

밖에 나가면 대부분 아이들이 담배를 피우거나, 운동하거나, 나쁜 친구들과 어울려 놀거나(마약), 성 문제에 연관되거나, 비행을 저지르거나(절도), 스쿠터 등을 절도하여 도로를 밤새 활보하면서 결국 경찰에게 걸리거나, 친구들과 함께 음란물을 보거나, SNS로 성에 대한 사진이나 동영상 등을 주고받거나 관람을 하기도 하고, 밤늦게 게임과 불법 도박을 하는 경우들도 많이 발생한다.

그렇게 밤에 나가서 노는 아이들은 아침에 일어나질 못해 학교에 못 가거나 학교에 와서도 잠을 잔다.

이렇게 아이들은 악순환을 반복한다.

그러면서 아이들은 집이 불편하다고 한다.

물론 자신들이 하는 행동이 정당하지 않다는 것도 알고 있다.

그렇게 위험한 행동을 하면서 들키지 않을 것이라 생각한다.

금방 들킬 것도 거짓말한다.

부모들은 아이가 이러면 이사를 선택한다.

방법을 몰라 아이를 위해 다른 지역으로 이사를 가려고 한다.

또 유학을 보내는 경우도 있다.

차지만 아이는 그곳에 가도 좋아지지 않는다.

행동하던 것들을 못 하게 되면 마음의 병이 되기도 한다.

이럴 때도 아이의 말을 끝까지 들어 줘야 한다.

부모는 말도 안 되는 소리라고 하지만 일단 한번 해 보라고 부탁드리고 있다.

또한 아이가 이런 상황에서 어떻게 해야 하는지 물어봐도 아이의 눈높이보다 부모 기준이 정답인 것처럼 말을 해서는 안 된다.

부모들이 자녀에게 적어도 해서는 안 되는 말이 있다.

"너는 중학생이 되었는데 그런 것도 모르냐?"

"언제까지 그럴 거냐?"

"넌 커서 뭐가 되려고 그러느냐?"

이렇듯 오히려 아이를 혼내는 경우가 많다.

이제까지 그렇게 아이들을 대했다면 바꿔야 한다.

그럴 때 아이는 절망을 경험한다. 어딜 가든 자신을 공격한다고 느끼기에 자기방어가 커진다.

아이는 답을 원해서 말한 것이 아니다.

부모와 조금이라도 소통하고 싶었을 것이다.

그러나 부모는 계속 "이렇게 하면 되는데? 너는 왜 못 하냐? 그런 것도 모르냐? 누구 집 아이는 잘한다는데 너는 이제껏 뭐 했냐? 학원 다 보내 주고 해 달라는 것 다 해 주는데 왜 못 하냐?"며 그야말로 잔소리를 한다면 아이는 절대 변하지 않을 것이다.

아이들은 정말 지겹다.

'정말 집이 싫다. 말을 해도 한 번도 내 말을 듣지 않는다.'라고 한다. 그래서 부모님과 말하고 싶지 않다고 한다.

부모들은 아이들의 마음도 모르고 아이가 변했으면 좋겠다고 한다.

그런 상태로 상담센터나 정신과에 데리고 간다.

당장 변화했으면 좋겠다는 부모님들의 조바심이 아이들을 더 힘들게 한다.

상담은 부모부터 받아야 한다.

부모가 아이와 소통하는 법을 배워야 하는데 부모라는 이름으로 아이들을 조정하려고만 한다.

자신의 생각대로 커 주기만 바란다.

아이들은 어딜 가든 지지자가 없다고 한다.

그래서 힘이 있는 친구나 선배들을 통해 지지받고 싶어 하고, 결국 선배들처럼 변해 간다.

부모들은 계속 "뭐가 되려고 그러는지."라고 하며 혀를 찬다.

차지만 아이들은 "존나 잔소리하네. 아~ 듣기 싫어~ 개짜증 나 ~ 또야?"라고 반응하며 밥을 빨리 먹고 들어가거나 밥을 방으로 가지고 들어와 컴퓨터 책상에서 먹는 아이들도 있다. 휴대폰을 하며 귀를 닫는 경우도 있다.

아이들은 점점 마음의 문을 닫고 부모는 자신이 필요할 때 찾는 사람이라고 취급한다.

그렇다 보니 아이들은 모든 시선이 밖으로 향해 있다. 어떻게 하면 아이들을 밖에서 안으로 들어오게 할까?

내 편이 있으면 된다. 외롭지 않으면 된다.

생각보다 외롭다고 말하는 아이들이 많다.

그런 아이들이 하는 것은 집에 있어도 게임만 한다.

코로나19 랩소디

2019년 11월 중국 우한에서 처음 발견되어 전 세계로 확산된 코로나19는 인류의 삶을 장기간 바꾼, 인류가 경험한 전무후무한 사건이었다. 국가와 국가의 소통이 막히고, 모두의 일상은 엉망이 되었다. 코로나19 시기를 되돌아보면 남녀노소를 막론하고 모든 사람들이 힘들었던 트라우마가 남아 있다. 오랜 시간이 흐르고 일상을 되찾은 지금도 경제적으로, 문화적으로 회복되지 않은 지점이 꽤 남아 있으며, 지금도 사회 곳곳에서 복구가 진행되고 있다. 멈춰 있던 수많은 문화 행사들이 열리고, 사회·경제적으로 눈에 띄거나 중요한 영역은 속도를 높여 우선적으로 회복이 되고 있다. 하지만 사회 곳곳을 주위 깊게 살펴보면 눈에 잘 띄지 않는 영역, 사회의 약한 부분, 어려운 부분은 아직도 회복의 노력에서 제외되고 외면된 경우를 종종 발견하게 된다. 너무 약해서 이제는 돌이킬 수 없는 영역들, 이미 소멸되고 사라진 영역들이 분명

처 존재한 것이라는 생각이 든다.

　복잡하고 어려운 사회학적인 이야기는 뒤로하고 우리 주변에도 비슷한 보이지 않는 영역이 있지 않을까? 코로나19 당시 모든 사람은 초유의 재앙에 모두 심각한 영향을 받았다. 수많은 사람들이 격리기간 경제적 타격을 받기도 했고, 아예 삶의 터전을 잃은 사람들도 많이 있었다. 비대면으로 바뀐 많은 것들을 통해 모든 이들이 안 해 본 것, 처음 해 보는 것들에 적응하기 위해 엄청 애쓴 시기였다. 우리 기관도 공공 기관과 함께 준비했던 오프라인 교육 프로그램이 갑자기 온라인 행사로 바뀌는 바람에 선생님들이 한 번도 해 본 적 없는 영상 촬영, 송출을 하느라 고생했던 기억이 있다. 또 오프라인 상담과 교육이 멈추어 경제적으로 힘들고 어려운 시기를 겪어야 했다. '코로나 블루'라는 말이 유행이 되었다. 갑자기 바뀐 주위 환경에 다들 적응하느라고 많은 스트레스를 받고 무서운 전염병에 대한 두려움, 그리고 장기간의 격리와 비대면으로 타인과 소통하지 못하는 외로움을 통해 많은 이들이 정신적·정서적 고통을 호소했다. 그리고 우리는 긴 터널을 통과하듯 일상을 회복하고, 복구하고, 다시 삶을 찾은 것 같다. 하지만 아마 우리가 아무도 눈치채지 못한, 돌이킬 수 없는 무언가가 있을지 모른다는 불안감이 때로 들기도 한다.

아이들은 코로나19를 어떻게 견뎌 왔을까? '회복탄력성'이라는
개념이 있다. 다양한 시련과 역경 혹은 실패를 경험할 때 그것을
극복하고 다시 회복할 수 있는 마음의 힘을 이르는 개념으로, 심
리학, 정신의학, 간호학, 교육학, 유아교육, 사회학, 커뮤니케이션
학, 경제학 등 다양한 분야에서 사용되고 있다. 회복탄력성은 정
신·정서적 건강함이 바탕이 되어야 하고 삶의 다양한 경험이 매
우 중요하다. 이 말은, 나이가 어리고 경험이 부족할수록 회복탄
력성이 부족하다고 할 수 있다. 한마디로 코로나19 기간 아이들
은 어른들보다 더 두렵고 어려운 시기를 경험했다는 것이다. 매
일 아침 일어나 학교에 가는 일상이 깨진 후 아이들은 어린 시절
부터 습득해 온 일상의 습관이 무너졌다. 학교에 출석해 친구들
과 까르르거리며 선생님을 만나고 수업을 들어야 하는데, 생경하
기만 한 온라인 수업은 효율이 높을 수 없었고, 아이들의 수업 태
도에도 영향을 미쳤다. 맞벌이하는 부부의 자녀들은 엄마, 아빠
가 출근하고 나면 컴퓨터 앞에 앉아 혼자 수업을 들어야 하는 상
황인데, 수업을 들으면서 당연히 형성되던 집중력도 형성되기 어
려웠고, 사람의 얼굴을 보면서 감정이나 정보 전달 등 자연스럽게

습득되던 것들도 어려웠다. 가뜩이나 민감한 때에 마스크로 얼굴의 2/3를 가리고 눈만 봐야 하는 관계는 더욱 어려움을 가중했다. 집중을 해도 이해하기 어려운 공부를 온라인으로 한다는 것에 벽을 느끼고 점점 무기력과 권태감 또 수면 문제 등 다양한 문제로 힘들어하는 아이들이 참 많았다. 또래 관계를 통해 자신의 정체성을 형성해야 할 나이에 오로지 모니터 너머에 존재하는 친구들과 게임에 몰두할 수밖에 없는 아이들도 많았다. 학교를 가도 잠이 쏟아지는데, 집에 갇혀 줌으로 수업을 들어야 하는 아이들은 어땠을까? 어른들도 강제된 변화에 적응하기 힘들었다고 고통을 토로하면서 우리는 과연 이런 극단적 변화에 내몰린 아이들의 감정이 어땠는지 귀 기울인 적이 있는가? 환경의 변화에 학교를, 수업을 운영하기에 바빠 급하게 짜 놓은 틀에 아이들을 몰아넣었던 것은 아니었을까? 학교에서 수업 지침이 내려오면 부모들은 아이에게 당연하게 요구했다. 하지만 아이들은 스마트폰 애플리케이션처럼 업데이트한다고 문제가 해결되지 않는다. 매우 섬세한 존재들이다. 그 당시 아이들이 처한 상황을 생각해 보면 화분 분갈이도 그렇게는 안 할 것 같다는 생각을 지울 수 없다. 식물을 옮겨 심을 때도, 바뀌는 환경에 잘 적응하게 하기 위해 섬세하게 돌보고, 잘 적응하는지 세심하게 관찰하고, 문제가 생기면 즉

각 해결한다.

변화에 적응을 잘하는 아이들도 있었지만, 변화에 맞추어 활동하지 못하는 아이들은 무기력과 권태감으로 상처를 받은 아이들의 숫자를 헤아릴 수 없다. 생각지도 못한 실패감에 좌절하고, 자존감과 정체성에 상처를 입은 아이들에게 학교는 수업에 잘 참여하지 못하고 적응하지 못하는 아이들의 행동 수정을 위한 선도위원회를 열고, '근태' 사안으로 특별교육 처분을 내린다. 학교는 급격한 변화에 잘 적응하지 못한 아이들에게 '학교 부적응'이라는 낙인을 찍었다.

그렇게 코로나19 기간 동안 우리는 아이들을 만나서 의외의 이야기를 듣는다. 잘못된 행동으로 처분을 받은 것임에도 아이들은 이렇게 '선도'를 받고 집 밖으로 나와서 좋다고 이야기를 한다. 매일 강제로 컴퓨터 앞에 앉아 있었는데, 수업도 듣고 친구들과 쉬는 시간에 수다도 떠니 좀 살 것 같다고 이야기를 한다. 또래 집단과의 소통과 경험이 제일 중요한 시기에 아이들은 부모들이 상상할 수 없이 어두운 긴 터널을 견뎌 왔던 것이다. 많은 아이들이 우울이나 조울증, 품행장애, 게임 중독 등으로 고통을 호소했다.

또 하나 심각한 부작용이 있다면 청소년 성 문제와 관련된 범죄가 심각하게 늘어났다는 것이다. 수강명령 등 성범죄를 저지른 청소년들의 케이스를 분석해 보면 코로나19로 급격하게 늘어난 미디어 사용을 통해 왜곡된 성인식이 형성되는 경우가 매우 많았다. 또 컴퓨터나 모바일 미디어를 사용하는 시간이 급격하게 늘어나면서 불법 성 착취물을 소지하거나 공유하고 심지어 자신의 몸 사진이나 성기 사진을 공유하고, 외설적인 문자를 지인이나 불특정인에게 보낸 사건도 많았다. 심지어 초등학생들이 즐겨하는 게임 내에서 다른 이의 아바타(캐릭터)를 쫓아다니며 스토킹하거나, 외설적 행동을 하는 경우도 많다. 물론 부족한 성교육, 성인지 감수성 교육에 직접적인 원인이 있겠지만, 코로나19 시기에 급격하게 많아진 청소년 온라인 범죄의 배경에는 변화된 시기에 온라인 바탕 교육으로 전환될 때 예상할 수 있는 부작용이었지만, 우리 어른들은 이러한 부작용에 신경을 쓸 여유가 없었다. 범죄는 잘못된 것이지만, 그들이 범죄에 이른 원인과 환경을 관찰해 보면 아이들은 여전히 누군가와 소통하고 함께 재미를 경험하고 싶어 하는데 그 방법을 잘못 만나고 잘못된 선택을 하고 나면 잘못에 대한 책임을 묻는 게 지금 어른이고 지금의 시스템이다.

우리는 잘못된 과거에서 배워야 한다. 한 명, 한 명 다 다른 아이들에게 동일한 시스템을 강요하고 그 시스템에 적응하지 못하면 문제라고 낙인찍는 이 시대. 그저 급조된 규칙 쪼가리나 던져주고 문제아를 지정하는 방식을 우리는 뛰어넘어야 하지 않을까? 규칙을 강요하고 분류하기보다는 한 명, 한 명의 이야기에 관심을 기울이고 소통하는 건강한 어른을 만나게 된다면 우리의 아이들은 분명 변화를 경험하게 될 것이다.

소년 재판과 수강명령 교육

앞에서 언급한 것처럼 우리 기관은 성범죄 가해 청소년들이 가정법원에서 소년 재판을 통해 보호처분 1호-10호를 받은 아이들 중 2호 수강명령 교육을 이수하도록 지정받은 전문 성교육 기관이다.

수강명령 교육 처분이 떨어지면 법원에서 등기 우편으로 소년범의 재판 결정문을 보내온다. 그리고 재판 후 10일 이내에 소년범의 감호자인 부모님이 기관을 방문해서 수강명령 신고서를 제출하게 된다. 보통 소년범들은 학생이기 때문에 방학 때 교육이 진행되길 희망하는데, 가능한 수업 일정을 결정해서 날짜를 통보한다. 평균적으로 수강명령 교육은 30시간, 부모는 12시간으로 진행된다. 아이들은 월요일부터 하루에 6시간 총 5일 동안 교육이 진행되고, 이틀 동안 부모 교육을 진행한다. 수강명령 신고서를 접수하는 부모님께는 교육에 대한 상세한 설명을 해 드린다.

아침 9시 20분까지 등교해야 하며, 교복과 운동화를 착용하여야 하고 담배 등 금지된 물품은 소지 금지이다. 이를 하나라도 어기면 퇴교 조치가 된다.

5-7명으로 한 기수가 정해지면 우리는 재판 결정문에 따라 소년범의 사안을 분석하여 기수에 맞는 교육 커리큘럼을 구성한다. 재판 결정문에는 이 소년이 어떤 혐의에 따라 어떤 법조문의 판결을 받았는지 그리고 범죄 사실이 육하원칙에 따라 매우 상세하기 기술되어 있다. 예를 들어 불법 성 착취물을 공유했으면 언제 어디서 파일 몇 개를 공유했는지(파일명과 용량, 대략적 내용 요약까지) 명시된다. 성범죄 사안은 크게 29가지가 존재한다.

수강명령 교육을 진행하며 "너는 어떻게 여기에 오게 되었니?"라고 모든 아이들에게 꼭 질문을 한다. 아이들의 상황 인식과 반성 정도를 확인하기 위해서다. 판결문에는 아이들이 저지른 범죄에 대해 명확하게 언급하고 있기 때문에 아이들이 얼마나 자신의 범죄 상황을 인식하고 있는지 비교를 통해 확실히 알 수 있다.

"저는 지하철에서 어떤 누나 다리를 핸드폰으로 찍었어요."
"저는 야동 웹하드에 동영상을 올려서 팔다가 걸렸어요."

"저는 공원에서 여친 가슴을 만졌는데, 전 허락했다고 생각했어요. 근데 신고해서…."

심지어 우리 사회를 뒤흔들었던 N번방과 관련된 청소년들도 있었다.

그동안 수강명령 교육에 가장 많이 온 범죄 유형은 무엇일까?

놀랍게도 '공공장소불법침입 및 불법 촬영', 즉 화장실에 침입하여 동영상을 찍는 것이다. 여태까지 수강명령 교육을 받았던 아이들 중 20% 정도의 아이들이 동일 범죄로 재판을 받았다. 아이들은 자신들이 익숙한 학원이나 아파트 상가 여자 화장실에 몰래 침입하여 동영상을 찍는다. 찍고서 죄책감에 바로 지우는 아이부터 친구들에게 보내는 아이 그리고 인터넷에 공유하고 심지어 판매하는 아이까지 있다. 유통되는 영상 중에 화장실 몰카는 꽤 인기가 있다고 한다.

이야기를 듣다가 이렇게 질문한다.

"왜 그런 짓을 했어?"

그러면 많은 아이들이 이렇게 대답한다.

"들킬 줄 몰랐죠." 혹은 "이게 범죄인지 몰랐어요."
"경찰서에서 연락 왔을 때 어땠어?"

그러면서 아이들의 눈을 본다. 아이들이 다시 떠올리고 싶지
않은 기억. 경철서에서 집으로 연락이 왔을 때… 놀라며 눈물 흘
리는 엄마, 아빠의 분노, 엄마 아빠의 부부싸움 등등….

"지금 생각해 보면 오히려 시원한 마음도 있어요. 사실 마음이
좀 안 좋았거든요."

물론 자신의 잘못을 축소하려는 아이들도 있고, 자신이 무슨
잘못을 했는지 잘 모르는 아이들도 있다. 또 자기는 억울한데 피
해자가 잘못했다고, 여자아이가 꼬리치고 자신을 신고했다고 하
는 아이들도 있다.

건강한 어른은 어디에 있나요?

일단 "그랬구나? 대답해 줘서 고마워! 일주일 동안 건강한 성인으로 성장해 가는 것을 잘 배워 보자."라고 말하며 수업을 시작한다.

이번 기수 수업의 방향이 잡히는 시간이다.

아이들이 이런 성범죄를 저지르는 원인은 여러 가지가 있을 것이다. 앞에서 언급한 대로 부족한 성교육으로 인한 성인지 감수성도 있을 것이고, 청소년기의 성호르몬이 그 원인일 수도 있다. 애착이론에 의하면 또 하나의 중요한 원인은 부모로부터 건강하게 형성되지 못한 '애착'도 있다. 어린 시절 부모와의 관계에서 충족되지 못한 애착이 성범죄와 연관될 수 있다는 많은 연구가 존재한다. 건강한 부모를 통해 성장한 아이들은 안정감과 건강한 자아를 형성하는데, 어린 시절 애착 형성이 잘되지 않으면 다양한 부작용이 생기게 된다. 엄격한 가정에서 자라나 겉으로는 모범생이고 착한 아이라 할지라도 다른 곳에서 일탈이 일어날 수 있다는 것이다.

수강명령 교육으로 오는 많은 소년범들 중 그런 경우가 많다.

겉으로 볼 때 얌전하고, 모범처럼 보인다. 부모님들도 착한 아들
이 이럴 리가 없다고 이해할 수 없다고 이야기한다. 그래서 오히
려 피해자에게서 원인을 찾으려고 하는 이들도 있다.

하지만 심리 상담 분야에서 수많은 임상을 경험하며 느낀 것은
겉으로 드러난 것보다 더 중요한 것은 사람의 마음속이라는 것이
다. 건강한 애착이 형성되지 못하면 마음의 빈 곳을 채우는 것에
집착할 수밖에 없다. 결국 많은 문제의 원인은 가정에 있다.

이는 소년법의 법철학에서도 드러난다. 소년 재판 후 소년범 판
결은 소년보호처분 1호-10호 안에서 처분이 결정된다. 1호-10호
처분은 다음과 같다. 1호는 보호자에게 감호 위탁, 2호가 수강명
령 교육, 3호는 사회봉사, 4호-5호는 일정 기간의 보호 감찰이다.
6호는 보호시설 위탁, 7호 의료 보호 시설 위탁, 8-10호 소년원 송
치(기간에 따라)이다. 자세히 들여다보면 2호-5호 처분은 1호에
종속되는데, 수강명령 교육, 봉사활동과 보호 감찰과 함께 보호
자에게 감호를 위탁함으로 재범을 방지하고 있으며, 6-10호는 타
기관에 소년범을 위탁 또는 송치하여 관리한다. 즉, 보호 처분의
핵심은 국가가 미성년인 소년범이 재범하지 않도록 또 건강한 성

이으로 자락 수 있두록 누구에게 감호 위탁 혹은 송치하느냐가 소년 재판의 핵심이라고 할 수 있다. 우리는 자연스럽게 1호-5호 처분을 받은 아이가 6호-10호 처분을 받은 아이보다 가벼운 범죄를 저지른 것으로 이해하는데, 사실은 범죄를 저지른 아이에게 제대로 된 보호자가 있는지가 처분의 핵심이라는 것이다. 처분을 받는 소년이 건강한 어른(보호자)이 있다면 1호-5호 처분을 통해 집에서 감호를 받게 되고, 만약 보호자로 아이를 돌볼 사람이 없다면 이 아이는 6호-10호 처분을 받고 시설에 위탁하거나 송치가 된다.

그래서 법원은 보호자가 있다면 소년 재판 처분으로 1호를 통해 보호자에게 감호를 명령하고, 특히 성범죄의 경우 2호 처분으로 아이에게는 수강명령 교육을, 보호자에게는 부모 교육을 함께 처분한다. 이는 소년법이 얼마나 부모의 역할, 다시 말해, 소년범들의 재범을 막고 건강하게 성장시키기 위해 건강한 어른의 역할을 중요하게 생각하는지 보여 주는 예시라고 할 수 있다.

처음에 수강명령 교육 위탁기관으로 지정을 받았을 때가 생각난다. 나를 비롯해 모든 선생님들은 수강명령 교육을 잘 진행할 수 있을지 많은 고민을 했었다. 교육청 위탁 특별교육을 진행하는 것도 많은 에너지가 소모되는데, 범죄를 저지른 청소년들을 잘 도울 수 있을지, 또 학교에서 사고를 치는 아이들도 쉽지 않은데, 재판을 받은 아이들은 얼마나 더 험악할지, 잘 감당할 수 있을지 걱정이 되었다. 또 판결 결정문을 읽으면서 이렇게 끔찍한 범죄를 저지른 아이들을 잘 교육할 자신이 없었다. 하지만 막상 교육이 시작되고 아이들을 보니 아이들은 생각보다 순진하고 착했다. 단지 건강하지 못한 어른들이 만들어 놓은 시스템 안에서 잘못된 것을 습득하고 나쁜 것을 배웠기 때문에 여기까지 오게 된 것이라는 것을 확실하게 알 수 있었다.

모든 아이들은 건강한 어른이 필요하다. 건강한 어른이 성공한 어른일 필요는 없다. 실수를 하지 않는 어른이 아니라 실수하고 그 실수를 반복하지 않도록 노력하는 어른이면 충분하다. 혹은 자신의 실수로 상처받은 사람이 있다면 미안하다고 말할 수 있는 건강한 어른이 많아지면 좋겠다. 아니, 모든 가정에 그런 어른들이 꼭 있었으면 좋겠다.

신앙을 가진
아이들의 사춘기

신앙을 가지고 있다고 해서 사춘기가 오지 않는 것은 아니다. 앞에서 언급했듯 모든 아이들은 반드시 사춘기를 겪어야 한다. 사춘기를 지내고 있는 아이가 있다면 '우리 아이가 잘 성장하고 있구나.'라고 생각하면 된다.

태어날 때부터 교회를 잘 다니다가 청소년이 되어 사춘기를 맞은 한 아이가 있다고 하자. 아이는 부모의 신앙 교육과 매주 교회학교에 출석해서 담당 사역자와 교사의 가르침을 받고 비슷한 또래 친구들과 좋은 경험을 한다. 하지만 사춘기가 오면 당연한 것처럼 여겼던 수많은 것들에 대해 의문을 갖게 되고, 기존의 시스템에 저항하고 반대하고 싶은 마음이 생긴다. 부모와의 돈독했던 관계가 깨지면서 공유하던 신앙도 의문이 든다. 특히나 문제를 강압적으로 해결하려는 부모 밑에서 아이는 부모에 대한 반항심이 신앙으로 전이되어 하나님에 대한 부정적인 이미지가 더해지기도 한다. 아직 힘이 없으니 교회에 억지로 끌려가기는 하지만, 부모를 떠나거나 성인이 되면 교회를 떠나게 되는 경우가 허다하다.

"이제 아이가 머리가 커서 어떻게 해야 할지 모르겠어요."

대학교에 입학한 자녀의 신앙 문제로 이렇게 하소연하는 부모님들을 참 많이 만나게 된다. 신앙에 대한 깊은 고민보다는 관성에 의해 신앙생활을 해 오다가 그 가치를 제대로 배우지 못한 아이들은 대학생이 되거나 부모의 품을 떠나게 되면 교회를 떠나는 경우가 매우 많다. 부모가 신앙의 롤 모델이 되지 못한 경우가 그럴 것이다.

특별교육이나 수강명령에 오는 아이들 중에도 교회에 다니는 아이들이 참 많다. 하지만 아이들은 부모에 대해 이렇게 이야기한다.

"우리 아빠는 안수 집사인데 맨날 술 마시고 들어와요."
"우리 아빠는 교회에선 거룩한데 집에만 오면 망나니예요. 저는 그래서 하나님 안 믿어요. 하나님이 진짜 계시면 아빠를 가만두지 않을 거거든요…"

아마 아이들이 왜 이런 생각을 하고 있는지 부모들은 모를 것이다. 아이들에게 왜 그런 생각을 하게 된 것인지에 대해 물어보면 이런 대답을 한다.

"우리 부모님은요, 다 가짜예요. 진짜 신을 믿으면 그렇게 하면 안 되죠."라고 이야기를 한다. 이 아이의 이야기를 듣고 어떤 생각이 드는가? 우리는 우리 자신을, 그리고 우리의 신앙을 깊이 들여다봐야 할 것이다.

나는 아이에게 어떤 엄마이고 어떤 아빠인지 그리고 어떤 어른인지 깊게 자기 분석을 해야 한다. 자신에 대해 고민해 본 적도 없으면서 우리는 아이들에게 문제가 있다고 말할 수 있을까?

이렇게 성장한 아이들은 교회를 떠나는 비중이 매우 높다. 물론 모든 아이들이 다 그런 것은 아니다. 부모님도 아이도 좋은 교회에 다니며 예배드리고 봉사도 열심히 하고, 다양한 관계 안에서 건강하게 성장하는 경우도 많다. 그러나 무시할 수 없는 사례를 우리는 너무 많이 안다.

성범죄로 소년 재판을 받고 수강명령에 왔던 하나 아이가 있었다. 등록 서류에 종교를 '기독교'라고 표기했다. 놀이터에서 13세 미만 어린아이에게 여러 번 강제 추행을 저지른 사안이었다. 몇 가지 이야기를 하다가 자신은 교회에 다닌다고 하며, 수련회도 잘 가고 금요기도회, 심지어 새벽기도회도 가끔 간다는 이야기를 했다. 신앙과 그 아이의 범죄에 관해 질문을 했더니 아이는 이번 범죄는 마귀가 나를 죄 가운데 빠뜨려 죄를 짓게 된 것이라는 대답을 했다. 잘못된 신앙이 자신의 잘못에 대한 변명이 되기도 한다. 개인적인 상담이었다면 잘못된 부분을 가르쳤을 텐데, 단체로 하는 교육 프로그램 중이었기 때문에 더 이상 이야기할 수는 없었지만, 5일 동안의 교육을 통해 자신의 잘못을 깨닫고 다시는 그런 짓을 하지 않겠다는 소감문을 남겼다.

우리는 가정에서 건강한 신앙의 선배의 모습을 아이들에게 보이고 있는가? 자녀들을 학원처럼 교육부서에 위탁하고 정작 자녀의 신앙 상태에는 관심이 없지는 않은가? 사회적으로 점점 악해져 가는 세대 가운데 자녀의 가치관과 신앙에 대해 우리는 어떤 노력을 하고 있는가? 스스로에게 질문해야 할 시기임은 분명해 보이다.

이 시대의 아이들에게는 진짜 신앙인의 모범이 필요하며 신앙에도 롤 모델이 필요하다. 그리고 가능하면 교회에서나 가정에서 건강한 성교육도 필요하다. 목회자부터 성도들, 부모부터 아이들까지 건강한 성도의 모습이 무엇인지 고민할 때이다.

아무것도 모르는 아줌마에서 청소년의 대모로….

아무것도 모르는 아줌마가
청소년의 대모가 되다

고전 1:26-27

26 성도 여러분 하나님께서 여러분을 부르셨을 당시 여러
분의 모습이 어떠했는지를 생각해 보십시오. 세상의 표준
으로 볼 때 지혜 있는 사람이 많지 않았고 권력 있는 사람
도 많지 않았으며 가문 좋은 사람도 많지 않았습니다
27 그러나 하나님께서는 지혜로운 것들을 부끄럽게 하시
려고 세상의 미련한 것들을 선택하셨고 강한 것들을 부끄
럽게 하시려고 세상의 약한 것들을 선택하셨습니다

고린도전서 1장에는 하나님의 계획하심의 신묘하심에 대한 고
백이 나온다. '지혜로운 것들을 부끄럽게 하시려고 세상의 미련한
것들을 선택하셨고 강한 것들을 부끄럽게 하시려고 세상의 약한
것들을 선택'하셨다는 말씀은 나의 경우에도 맞다.

내가 그렇다. 나는 약하다. 청소년을 사역 대상으로 하기에 나이도 너무 많다. 그런데도 하나님은 2004년 8월에 나를 청소년 사역으로 부르셨다.

어떤 사역을 할지 고민하고 꾸준히 기도하고 있을 때였다.

그 시절, 나는 하나님께 '저는 어떻게 쓰임 받을 수 있을까요? 말씀하시면 순종하겠습니다.'라고 기도하고 있었다. 그런 나에게 하나님께서는 3가지의 사역 대상을 보여 주셨다.

첫 번째는 노인 사역이었다. 하지만 나는 결혼하고 종갓집 맏며느리로 오래 살며 시할머니부터 시아버지를 모신 경험이 있어서 나도 모르게 '그 사역은 너무 어려울 것 같습니다.'라고 단번에 거절했다.

두 번째는 장애인 사역이었다. 그것 또한 오래전 교통사고로 남편이 오래도록 인지적 장애를 가지고 있어 소통에 대한 어려움이 있다 보니 '그것 또한 엄두가 나지 않아요.'라고 거절했다.

그러자 하나님은 마지막으로 청소년 사역에 대해 말씀하셨다. 그것도 미혼모와 위기 청소년 사역이었다. 지금 돌아보면 하나님은 참 어려운 것만을 권하신 것 같다. 하지만 앞에 두 가지 사역보다는 청소년 사역이 훨씬 쉬워 보여서 나는 '하나님! 청소년 사역은 아멘입니다!'라고 응답하고 결심을 했다.

그리고 얼마 후 진짜 담임 목사님의 호출이 왔다.

전도사로 임명할 테니 함께 사역을 하자는 요청이었다. 너무 갑작스러워 대답도 못 하고 있는데, 담임 목사님께서 기도해 보라고 하셨다.

사역을 놓고 기도하는데, 하나님께서 한 말씀이 떠오르게 하셨다.

신 28:1

네가 네 하나님 여호와의 말씀을 삼가 듣고 내가 오늘 네게 명령하는 그의 모든 명령을 지켜 행하면 네 하나님 여호와께서 너를 세계 모든 민족 위에 뛰어나게 하실 것이라

이 말씀을 붙잡고 순종하기로 하고 2004년 4월 교구 사역과 새가족부 사역을 담당해서 섬기기 시작하며 나의 사역이 시작되었다.

심방이 얼마나 많은지, 기도실에서 시작해서 수많은 가정을 심방하다 보면 하루가 금방 지나가 버렸다. 그런데 심방을 가는 가정마다 자녀들에 대한 기도 제목이 정말 많았다.

건강한 어른은 어디에 있나요?

"사춘기가 되면서 교회도 안 가려고 하고 공부도 안 하고 게임만 하고 있는데 어떻게 해야 할지… 기도해 주세요."

"애가 집에 붙어 있질 않아요. 친구들과 어울려 다니며 밖으로만 돌고 속만 썩여요. 기도해 주세요."

그렇게 사역하고 있는데, 8월달에 그동안 사역하시던 고등부 목사님이 갑자기 사임을 하게 되면서 고등부 사역자가 공석이 되었다. 다음 고등부 사역자 청빙을 위해 기도하는데, 예전에 청소년 사역에 대해 마음을 주셨던 것과 함께 하나님께서 '네가 해라'라는 마음을 주셨다.

그리고 용기를 내서 나는 담임 목사님을 찾아가 고등부 사역을 하게 해달라고 말씀을 드렸다. 그러자 담임 목사님께서는 40대 아줌마가 어떻게 아이들과 코드를 맞출 수 있겠냐며 교구 사역이나 잘하라고 하셨다. 그래도 나는 한 번만 기회를 달라고 요청하니 그럼 함께 기도해 보자고 하셨다. 나는 일주일 동안 작정 기도를 하고 나서 다시 목사님을 찾아갔다.

목사님께서는 다시 물으셨다. "청소년 설교는 할 수 있겠느냐?"라고 질문을 하시더니, 가르쳐 줄 테니 기도하면서 고등부를 잘

맡아 보라고 하셨다. 날아오를 듯 기뻤다.

드디어 하나님 주신 대로 청소년 사역을 하게 되는구나 하는 기쁜 마음으로 아무것도 모르지만 청소년 사역에 발을 들였다. 청소년들의 문화도 모르고 할 줄 아는 것이 없으니 기도밖에 방법이 없었다. 심방 전도사를 하면서 배운 것은 심방뿐이었다. 그래서 아이들을 심방 하려고 했는데, 당시 아이들을 만날 수 있는 곳은 학교뿐이었다. 단순히 '아이들을 심방 하러 학교로 가야겠다.'라고 생각하고 고등부 아이들이 다니고 있는 학교를 다 파악하고 매일 학교로 청소년들을 만나러 다녔다.

점심시간에 간식을 사 들고 학교마다 찾아 들어갔다. 학교에 들어가는 것은 쉽지 않았다. 정문에서 경비 아저씨는 늘 무슨 일 때문에 왔는지 물었다. 하지만 '아줌마'라는 장점이 있었다. 선생님들은 대부분 나를 학부형으로 생각했다. 하도 자주 가니까 어느 문제아의 엄마인 줄 알았다. 그것 또한 감사했다. 그렇게 도시 전체의 고등학교를 찾아다녔다. 당시 고등부 출석 인원은 60명, 아이들이 다니는 학교는 27곳이었다. 설교를 잘하는 것도 아니고, 할 수 있는 것은 오직 심방과 기도뿐이었다.

교회에 자주 빠지는 아이들은 직접 학교 반 앞으로 찾아갔다. 하나님은 그 때마다 아이들을 꼭 만날 수 있게 해주셨다. 교실 앞에서 잠시 기도해주고 "이번 주에는 꼭 교회에서 보자."라고 말하며 간식을 반 아이 전체에게 나눠 주고 나왔다. 그때만 해도 별 것 아닌 간식이지만 아이들은 정말 좋아했고 심방한 아이들은 반에서 최고의 인기를 얻었다.

그렇게 심방 한 결과, 아이들이 다시 교회를 찾아오기 시작했고 간식을 함께 먹던 아이들도 함께 교회로 몰려왔다. 몇 개월 만에 출석 인원이 60명에서 330명까지 늘자, 고등부에 부흥이 일어났다고 소문이 나기 시작했다.

갑자기 아이들이 많아지니 여러 가지 해결할 문제가 생겼다. 아이들을 어떻게 정착시킬까? 고민하며 기도하다가 시작한 것이 제자 훈련이었다.

어렵게 교재를 만들어 매주 토요일마다 제자 훈련을 시작하게 되었다.

아줌마 사역자다 보니 나를 보는 다양한 선입견이 있었는데, 그 선입견들을 극복하기 위해 많은 노력을 하게 되었다. 어떻게 하면 재미있게, 지루하지 않게 사역하기 위해 노력하다 보니 아이들은 점점 정착해 갔고, 리더를 세우고 리트릿도 진행했다. 아이들은 공부에게 지친 마음을 말씀과 찬양과 기도로 위로받았다. 그렇게 제자 훈련이 진행될수록 아이들은 믿음이 성장해 갔고, 자연스럽게 아이들이 다니는 학교마다 학원복음화를 위한 기도 모임이 생겨나기 시작했다. 스스로 아이들은 자기가 학교 리더가 되겠다고 찾아왔다. 하나님은 그렇게 아이들을 학교 선교사로 세우셨다.

학교마다 세워진 리더들을 통해 기도 모임이 시작되었다. 학교에서 장소를 허락해 주지 않으니 아이들은 식당 뒤, 계단에서, 화단에서, 운동장에서 선생님들의 눈을 피해 모이며 기도했다. 아이들의 열정은 누구도 막을 수 없었다. 소문이 나며 우리 교회가 아닌 다른 교회에 다니는 아이들도 함께하기 시작했고, 모임이 커지면서 선생님들이 점점 주목하기 시작했다. 감사한 것은 이때 많은 학교에서 신앙이 있는 선생님들이 나타나 아이들을 돕기 시작하셨다.

어느새 아이들은 점심시간과 저녁 시간 그리고 야자 시간만 되면 자연스럽게 기도하는 자리로 모이게 되었고, 나는 그 아이들이 모인 곳에 찾아가 함께 기도하며 말씀으로 격려하고 간식을 나눠 주었다. 감사의 은혜가 가득한 시간이었다.

어느 날 학교에 가니 아이들이 운동장에 줄을 서 있었다.

"왜 이렇게 많이 모였니?"

"선생님 기다렸지요."

어느새 아이들은 기도 모임 시간을 기다리고 있었다. 아이들과 함께 기도하고 말씀을 전하고 간식을 나눠 주었다. 아이들은 늘 운동장에 가득 모였다. 아이들은 '학교 안에 예배 공간을 주세요.' 라고 기도했고, 하나님은 그 기도를 들으시고 학교마다 예배 공간을 마련해 주셨다. 1-2명으로 시작한 기도 모임이 100여 명까지 모이는 학교가 생겼다. 공부와 미래에 대한 고민과 두려움으로 힘들어하는 학교가 아니라 하나님을 찬양하고 예배하는 학교가 된 것이다. 자연스럽게 아이들의 고민과 걱정거리를 듣게 되고, 아이들의 고민을 돕기 위해 진로 상담과 학습 상담, 심리 상담을 해 주며 자연스럽게 아이들과 친밀감을 더해 갔다. 누구에게든 속에 있는 이야기를 하고 싶었는데 그동안 이야기할 사람이 없었다며 자신의 이야기를 잘 들어 주는 어른이 생긴 것이다. 대화를 마치고 아이들의 손을 잡고 기도로 마무리를 했다. 기도가 마치면 아이들은 밝은 얼굴로 돌아갔고, 아이들은 제자 훈련과 예배에 참석하게 되었다.

또 아이들은 각 학교마다 전교생의 복음화를 꿈꾸며 전도집회를 준비하기 시작했다. 각 학교 선생님들에게 부탁을 해서 날짜를 정해 음악실이나, 강당을 빌리고, 초대장을 만들고, 전도집회에 참석하느라 밥을 못 먹을 친구들을 위해 돈을 모아 간식을 준비했다. 아이들은 매일매일 전도집회에 초청할 친구들을 위해 기도하며 나에게 연락했다. 나는 정해진 시간 전도집회에 가서 함께 모인 청소년들에게 복음 메시지를 선포했다. 매 전도집회마다 그 자리에서 결신한 친구들도 꽤 많이 있었다. 아이들과 함께 매 순간 놀라운 기적을 만들어갔다.

아이들에게 나눠줬던 간식은 대단한 것이 아니라 초코파이 혹은 몽쉘이었다. 하지만 늘 배고픈 아이들에게는 엄청난 것이었던 것 같다. 많은 학교에 방문해 많은 아이들을 만나다 보니 간식값도 어마어마하게 들어갔다. 당시 고등부 한해 예산은 200만 원이 전부였는데, 간식비로만 사용해도 부족한 금액이었다. 하지만 출석하는 아이들이 늘어나고 열심히 사역한다는 소문을 듣고 교회에서 추가 예산을 허락해 주셨다.

그렇게 나의 청소년 사역은 시작되었다. 나이 많은 아줌마가 청소년을 만나고, 교회에서 학교로, 학교 기도 모임으로 확산되어 어느새 수원 전체 아이들을 품고 기도하는 청소년의 대모가 되어 있었다.

길거리 새벽 기도에서
도시의 중심으로…

매일 아이들과 학교에서 만나 나라를 위해, 같은 민족인 북한을 위해 기도하자고 도전했다. 아이들은 자발적으로 새벽 기도를 하자고 제안을 했다. 아이들과 모여 새벽기도 할 장소가 없다 보니 길거리에 나가 광야 기도를 하자고 하니 아이들은 더 좋다고 한다. 그래서 매일 두 군데에서 모여 기도하기 시작했다. 예수님을 만난 아이들은 실천력도 대단했다. 얼마나 더 자고 싶을까? 그래도 새벽 5시에는 OO공원에서, 6시에는 OO고등학교 운동장에 모여 기도했다. 새벽에 모이는 아이들은 점점 많아졌다. 아이들은 기도 후 학교에 가기 위해 교복을 입고 가방을 어깨에 매고 나타났다. 함께 기도하고 아침 대신 간단한 간식을 먹고 학교로 돌아갔다. 학교에서도 아이들은 기도하는 사람이 모범이 되지 않으면 안 된다며 공부도, 학교생활도 성실하게 했다. 하나님은 아이들의 몸부림을 외면하지 않으셨다.

아이들은 매일 이른 아침 운동장에 모여 날마다 기도했다. 그렇게 눈물로 기도하더니 아이들은 이번에도 청소년 전도 집회를 하자며 자발적인 작정 기도를 시작했다. 얼마나 대견한 일인가? 하나님도 그 기도를 들으시고 도시 전체 청소년을 대상으로 한 전도 집회를 준비하도록 하셨다. 청소년 문화 축제를 열고 함께 모인 친구들에게 복음을 전하자는 콘셉트로 기도 모임과 제자 훈련을 통해 하나님을 먼저 경험한 청소년들이 친구들에게 복음을 전하기 위해 날마다 길거리와 학교에서 기도했다. 우선 수원에 30여 개의 학교에서 전도집회가 시작되었다. 이 흐름은 누구도 막을 수 없는 것이었다. 선생님들도 아이들의 열정을 막을 수 없었다. 나는 아이들이 준비한 학교 전도집회에 달려가 복음을 전하고 결신을 시키고 교회에서 만나 제자 양육을 통해 아이들을 다시 학교로 파송했다. 이렇게 많은 학교에서 부흥의 불길이 타올랐고, 그렇게 준비된 전도 집회의 불길은 2007년 10월, 찬양집회로 더욱 타올랐다.

그리고 2008년 7월, 드디어 수원 전체 청소년들을 위한 전도 집회를 개최하게 되었다. 1-2명이 시작한 각 학교의 기도 모임이 모여 1만 5천 명의 청소년들과 부모님들이 광장에 모여 밤이 늦도록 찬양하고 기도하는 역사가 일어났다. 아이들은 자신들의 기도로 역사가 일어나는 현장을 목격하고, 아이들은 다음 해인 2009년에는 수원의 중심에서 전도집회를 기획했다. 시에서는 문화재가 많이 있는 곳이어서 장소 허락을 불허했기 때문에 우리는 날마다 함께 모여 길거리에서 학교에서 함께 기도했다. 시에서는 차라리 실내 운동장에서 하라고 권유했지만 아이들은 물러서지 않았다. 8월 30일까지 함께 기도하며 장소 사용 허가를 위해 기도하자고 함께 마음을 모으고 기도하기로 했다. 8월 30일 마지막 저녁기도를 위해 모여서 기도하는데, 기도가 마치는 시간이 8시였는데 7시 50분에 시청에서 장소 사용을 허가한다는 연락이 왔다. 아이들과 나는 춤을 추며 기뻐했다. 장소 사용 허가는 문화재 손상이 가지 않아야 한다는 조건부였다.

집회 장소 주변으로는 무당, 점집들이 가득했다. 대나무에 하얀색과 빨간색 깃발이 무수히 나부끼는 그런 곳이었다. 아이들과 나는 마치 영적 전쟁을 치르듯 매일 새벽 기도 장소를 광장으로 옮겨 그곳에서 기도하기 시작했다. 아이들의 열정은 부모에게도 전염되었다.

"주여, 이 아이들이 기도를 들어주소서."라며 부모님들도 함께 기도하기 시작했다.

아이들은 열광하며 하나님의 은혜를 갈망했고, 8천여 명의 아이들이 모여 복음을 듣고 많은 청소년들이 결신하는 역사가 있었다. 또한 건강한 신자로, 건강한 어른으로 자라나겠다는 고백도 이어졌다. 당일 시청에는 무속업소들로부터 수많은 민원이 있었다고 한다. 정신없이 행사가 끝나고 나니 무수한 부재중 전화와 문자가 와 있었다.

나중에 듣고 보니 음악(찬양) 소리 때문에 일을 할 수가 없다는 것이 주 내용이었다.

나중에 담당 공무원은 이렇게 많은 민원이 있을 줄 알았으면 허가를 내주지 않았을 거라고 말했다. 미안한 마음도 컸지만, 함께 경험한 은혜가 너무 컸다. 행사에 참석했던 많은 청소년들은 그 후 학교와 교회로 돌아갔고, 학교마다 많은 변화가 있었다는 소식이 전해졌다. 또 학교 분위기가 많이 달라졌다는 선생님들의 증언도 있었다. 이렇게 청소년들과 나는 도시 전체를 품고 15년 동안 사역을 계속했다. 처음에 함께했던 청소년들은 성인이 되어 대학교에 입학하여 후배들을 위한 선배이자 교사로 성장하기 시작했으며, 매년 새로운 청소년들이 함께했다. 더 많은 학교에서 기독교 동아리가 만들어지게 되었다. 맺어진 열매를 보며 많은 선생님들의 도움도 이어졌다. 그 후 청년 간사들과 함께 제자 훈련을 업그레이드하는 것을 비롯해 다양한 청소년 프로그램을 개발했다. 플래닝 프로그램과 진로 탐색 등 청소년들에게 필요한 것들이었다.

그 후 부모님들과 함께 부모 제자 훈련과 기도회를 시작하였는데, 아무리 아이들이 변화해도 부모들이 그것을 받아들이지 못하여 좌절하는 아이들 때문이었다. 또 아이들이 이른 시기에 넓은 세계를 보고 글로벌한 꿈을 꾸도록 해외 선교/봉사 프로그램을 기획하여 5개국을 방문하여 지역 교회와 연합하여 진행시키기도 하였다.

지금 되돌아보면 나에겐 기적이라고밖에 할 수 없는 일들이 15년 동안 계속되었다. 아무것도 모르는 아줌마가 사명을 받고 청소년에 미쳐 온갖 곳을 뛰어다니며 청소년들과 함께 이루어 낸 일들을 회상하면 지금도 정말 놀랍다. 그렇게 나의 40대는 불타올랐다.

더 깊은 내면을
향한 관심

어느 겨울날 아이들과 기도회를 마치고 리트릿을 갖기로 결정하였다. 아이들과 수원의 대학생 선교회의 기도 처소를 빌려 금요일 밤에 모여 기도도 하고 다양한 프로그램을 진행하기로 했다. 기도하던 중 함께한 모두가 성령님의 강한 역사와 은혜를 경험할 수 있었다.

나는 "나라와 민족, 수원의 중고등학교를 위해 기도하자."고 외쳤고 모두가 "아멘."으로 화답했다.

한 아이가 이왕 도시 전체를 위해 기도하는 것이니 도시 중심에 위치한 산에 올라가 기도하자고 외치자, 모두가 동의해 밤 12시에 산으로 올라가 정상에 올랐다. 아이들은 모두 자기 학교와 교회를 위해, 도시를 위해 나라를 위해 기도하기 시작했다. 함께 기도하는 은혜가 얼마나 뜨거운지 눈물이 나도록 감사했다.

리트릿 일정은 원래 새벽 기도회를 마친 후 조조 영화를 보는 것이었는데, 모든 일정을 취소하고 마칠 때까지 기도회와 아이들의 내면이 이야기를 듣고 함께 중보기도를 하게 되었다. 그때는 아무도 힘든 줄도 몰랐다.

마치 사도행전의 성령의 역사가 일어나는 듯했다. 하나님은 다음 세대를 통해 교회의 변화와 나라의 변화 그리고 학교의 변화를 허락해 주셨다. 그 후 아이들은 학교마다 퍼져 기도와 전도를 하며 수원 전체로 이 역사가 확산되었다.

각자의 이야기를 들으며 어린아이들 마음속 깊이 왜 그렇게 상처가 많고 아픔이 많은지 한 명 한 명을 안아 주고 함께 울 수밖에 없었다. 신앙으로 극복하지 못할 것은 없지만, 그럼에도 아이들의 신앙 성장을 더디게 한 원인은 부모와의 관계, 가정 분위기, 친구 관계, 학업 스트레스, 미래에 대한 불안으로 인한 마음의 상처였다.

학교 사역이 확장되어 학교마다 찾아다니며 아이들을 만나다 보니 자연스럽게 고민을 들어 주게 되고, 진로와 학업에 대한 고민, 친구 관계, 부모님과의 갈등 등등 수많은 고민들을 들어 주고, 상담해 주고, 기도하는 가운데 많은 아이들이 회복되어 갔다. 아이들의 이야기를 듣고 심리적으로 상처와 아픔이 너무나도 많다는 것을 발견하며 이 아이들의 상처를 누군가 싸매 주고 약을 발라 주어야 한다는 생각이 들었다. 그러면서 이제 나의 눈은 더 근본적인 부분에 관심을 갖기 시작하였다.

당시에 나는 계속해서 해 오던 청소년 사역이 정말 행복했다. 지역 교회 목사님들을 설득하여 청소년 연합사역을 기획하고 학교 교장 선생님들을 찾아다니며 학교 사역에 힘쓰고 있었고 열매도 있었다. 다양한 방식으로 부흥이 일어나고 아이들이 많이 모여 제자 훈련에서 자라난 아이들이 후배들의 멘토로 세워지고, 영역이 넓어지는 상황에서 하나님께서는 갑자기 나에게 새로운 영역에 대해 눈길을 돌리게 하셨다. 수많은 청소년들을 만나며 복음으로 도전시키고 광야에 나가 세상과 맞짱 뜨는 신앙인으로 세워 나갔지만, 많은 아이들이 내면의 결여를 통해 많은 문제를 겪게 되는 것에 눈을 돌리게 되었다. 지역 교회는 많이 있고, 학교마다 좋은 크리스찬 선생님들을 통해 교회와 학교에서 신앙적 돌봄은 받을 수 있는 길이 많이 있지만, 아이들의 내면의 상처와 아픔을 치유할 길이 없다는 생각이 들었다. '아, 심리 상담도 공부했으니 내가 그 일을 하면 지역 교회와 청소년들에게 더 도움을 줄 수 있지 않을까?' 하는 생각이 들어 조용히 기도하기 시작했다.

아무 연고도 없는
동탄으로

창 12:1-2

1 여호와께서 아브람에게 이르시되 너는 너의 고향과 친척
과 아버지의 집을 떠나 내가 네게 보여 줄 땅으로 가라
2 내가 너로 큰 민족을 이루고 네게 복을 주어 네 이름을
창대하게 하리니 너는 복이 될지라

수원에서 15년 동안 청소년 사역을 하다가 하나님의 강권적인
인도하심을 따라 동탄으로 사역의 거점이 옮겨지게 되었다. 아무
연고도, 아는 사람도 없는 신도시인 동탄에 왜 나를 보내셨을까?
오긴 왔지만, 앞길은 캄캄하기만 했다.

그래도 주신 비전을 가지고 심리 상담센터를 오픈하게 되었다.
하지만 온 도시를 다니며 역동적인 사역을 하다가 상담실에 앉아

찾아오는 사람들을 기다리고만 있는 건 쉬운 일이 아니었다. 또 청소년들에게 온 마음이 가 있던 나에게 다양한 연령의 내담자를 만나는 건 뭔가 아쉬움이 있었다.

그러던 어느 날, 청소년들을 만나서 도울 수 있는 방법을 달라고 기도하던 중 하나님께서는 화성오산교육지원청이 생각나게 해 주셨다. 나는 한달음에 화성오산교육지원청을 찾아갔다. 그곳에서 관계자를 만나니 위기 청소년들을 교육하고 상담하는 프로그램을 운영하는 기관이 그만두어서 난처해하고 있었는데 이렇게 찾아와 주셔서 감사하다고, 어려운 사업을 희망하는 기관이 나타나서 감사하다는 이야기를 했다. 하나님의 예비하심이요, 계획하심이라고 할 수밖에 없었다. 왜냐하면 나는 교육청에서 이런 프로그램을 운영하고 있는 줄도 몰랐기 때문이다. 그런데 마치 예비라도 해 놓으신 것처럼 몇 년 전부터 시행되어 학교 적응에 문제가 있던지 품행이 바르지 않은 아이들을 모아 외부 기관에서 진행하는 특별교육 프로그램을 진행하고 있었고, 마침 운영기관을 찾고 있었던 것이다.

그렇게 2018년부터 동탄 지역의 위기 아이들을 만나기 시작했다.

먼저 아이들과 광야 기도와 전도집회를 통해 단련시키시고 지역을 옮겨서 드디어 처음 주신 청소년에 대한 사명대로 위기 청소년들을 만나게 해 주신 것이다. 또한 하나님은 더 다양한 청소년 사역을 하라고 사회적협동조합을 설립하게 하시고 나중에 사회적 기업 인증까지 받게 하셔서 아이들을 위한 프로그램을 개발하고 적용하게 하셨다.

동탄 지역은 신도시의 특성을 그대로 보여주는 지역이다. 한 반에 대부분의 아이들은 원하지 않는 이사와 전학을 경험한 아이들로 마음속 깊이 자신의 세상을 빼앗긴 상실감이 가득한 상태였다. 청소년들은 생각보다 보수적인 경향이 있다. 윤리적인 부분에서나 인간관계에서도 마찬가지다. 형성된 인간관계, 특히 친구들과의 관계를 세상 어떤 것보다 중요하게 생각한다. 하루아침에 가장 소중한 친구들을 떠나고 자기 세상의 대부분이었던 학교와 기타 익숙한 환경을 떠났을 때 많은 청소년들은 좌절하고 분노하기 마련이다. 그런데 한 반에 대부분의 학생들이 이런 상태가 되는 신도시의 학교들은 말 그대로 '대혼돈의 신도시 월드'가 된다.

호르몬, 뇌 발달 등 다양한 원인까지 겹쳐지고, 사춘기의 반항 그리고 새 학교에서 자신의 힘을 과시하고 싶은 아이들까지 문제가 넘쳐난다. 결국 그동안 심리 상담을 공부했던 것들을 급하게 다시 복습하며 아이들에게 적용하기 시작했다.

역시 아이들의 문제는 가정과 부모 그리고 사회와 어른들이 원인이다. 아이들의 코 묻은 돈을 빼앗으려고 온갖 더러운 짓도 서슴지 않는 어른들 말이다.

온갖 방법을 이용해 돈을 벌려고 혈안이 되어 있고, 아이들을 성 착취의 대상으로 보고, 불법 도박으로 유혹한다. PC방, 만화방, 노래방 등 다양한 유흥업소에서 교통카드로 결제가 되는 세상이다.

아이들은 안전하게 스트레스 풀 곳이 없으니 어른들은 그 틈을 놓치지 않는다. 계속 아이들이 빠질 수 있는 온갖 함정을 만들어 놓고 아이들을 유혹한다.

아이를 사랑한다는 가정에서도 크게 다르지 않다. 사춘기 전까지 대부분의 아이들은 부모와 사이가 좋다. 발달 과업이론에 따르면 청소년기에 들어서면 아이들은 자신의 존재에 대해 고민하고 스스로의 정체성에 대한 고민이 시작되는데, 그로 인해 원가족 구성원과 구별되는 존재로서의 자아가 형성된다. 다시 말해 그전까지 엄마 말을 잘 듣던 아이가 기존가치에 반기를 들고 말을 잘 듣지 않는다는 것이다. 이 청소년기의 특징을 통해 부모들은 청소년 자녀를 달가워하지 않게 되고, 부모와의 관계가 멀어지는 시기이기도 하다. 여러 가지 복합적인 이유로 아이들은 자신을 받아들여 줄 또래 집단에 더 몰두하게 되는데, 자신을 유일하게 이해해 주는 친구들을 한번에 잃은 이사 당한 아이들은 분노가 가득하다. 그런 아이들이 가득한 교실에서 학기 초가 되면 아이들은 거칠 것이 없다. 새로운 자극에 민감해지고, 단기적 흥분거리에 열광하는 아이들이 찾게 되는 것이 바로 사이버 도박이다. 단순히 '홀', '짝'을 선택한다든지, 가위바위보를 선택하면 바로 승부가 결정 난다. 사이버 머니로 코인을 결정해서 만약 따게 된다면 바로 사용할 수 있다. 아이들은 호기심으로 사이트에 방문했다가 돈을 따게 된다면 그때 분출한 도파민을 맛보게 되고, 그 쾌감을 잊지 못해 도박을 끊지 못하게 된다. 문제는 돈이 없어지면 친구들에게 돈을 빌리다가 그것도 안 되면 불법 사이트 홍보, 중고 물품 사기나 심지어 성매매까지 이어지기도 한다는 것이다. 이런 불법 도박 사이트를 보면 나는 분노를 참기 어렵다. 이런 사이트를 만들고 운영해서 아이들을 나락으로 떨어뜨리는 것이 다 어른들이기 때문이다. 그러면서 이런 아이들이 기사화되거나 문제가 되면 이렇게 한마디 던진다.

"요즘 애들이 진짜 문제야."

이런 아이들을 만나면서 '어쩌다가 이렇게까지 되었을까?'하는 생각이 든다. 마음이 아프다. 이런 아이들을 보면 '예수님은 얼마나 더 마음이 아프실까?'라는 생각을 하게 된다.

상상 이상의 아이들을 만나며 나는 예수님의 마음으로 아이들을 바라보기 시작했고, 아이들 편이 되어 기도와 상담을 통해 아이들의 고민을 들어 주기 시작했다.

학교에서 규칙을 지키지 않아 벌점이 쌓여 보내오는 청소년들을 만나면서 여러 가지 경험을 하기 시작했다. 소위 노는 아이들의 세계를 알게 된 것이다.

아이들도 나름의 이유가 있다. 억울함도 물론 있다. 어른들에게 받은 상처, 아이들의 말에 귀 기울이지 않고, 무시 받았던 분노도 가득하다. 제어가 안 되는 폭발적인 에너지와 충동성 그리고 거짓말 등등. 아이들과 있다 보면 숨 쉬듯 내뱉는 수많은 욕설에 정신이 아찔해진다. 이들의 분노 앞에 일상의 규칙은 아무 소용이 없다.

하지만 한편 아이들이 이해가 되기도 한다. 아이들은 2차 성징을 경험하는 사춘기가 되면 도파민 호르몬의 증가로 자신도 이해 안 되는 행동을 하기도 한다. 그럴 때 대부분의 어른들은 아이들의 행동의 원인을 이해하려 하기보다 잘못된 행동에 초점을 맞추고 그 행동을 교정하려 한다. 그렇다 보니 아이들은 아이들 말로 '찍히게' 되고, 아이들은 쉽게 포기해 버린다.

그동안 만났던 아이들을 생각하면 날마다 기도할 수밖에 없게 된다. 이 어린아이들이 어떻게 이런 상태가 되었는지 가슴이 아프다. 그동안 청소년의 대모라고 불릴 만큼 수많은 아이들을 만나고 케어해 왔는데, 동탄에서 만난 아이들의 세계는 그동안 내가 알던 아이들의 세계보다 더 놀랍고 무서울 만큼 그늘이 드리워져 있었다. 소위 먹고 먹히는 먹이 사슬과 같은 구조라고 할까? 서로가 높은 서열을 차지하기 위해 싸움을 하고 더 세 보이기 위해 나쁜 짓도 서슴지 않는다. 흡연, 음주는 기본이고 불법 도박, 절도, 폭력, 성범죄도 너무나도 빈번하다. 나는 이 아이들을 위해 청소년의 뇌와 호르몬에 대해 다시 공부를 해야 했다. 이렇게 많은 시행착오를 경험하며 새로운 세상의 아이들을 조금씩 이해하게 되었다.

동탄에 오기 전까지 만났던 청소년들은 일반적으로 학교를 잘 다니고 또 신앙도 있는 아이들이 대부분이었는데, 이곳에서 만나게 된 아이들은 소수이지만 많은 아픔과 어른들로부터 상처를 받은 아이들이었기에 아무리 좋은 마음을 가지고 다가가도 쉽게 경계를 풀지 않았고, 공격성을 가지고 있었다. 사랑과 인정을 받아 보지 못한 아이들, 근본적 결핍을 갖고 있는 아이들은 사랑을 주어도 받아 내질 못하고, 주는 사랑조차 자기 방식대로 이용하려고 한다. 이런 아이들은 어른들이 상상할 수 없는 일에 연류되기도 한다.

한 아이가 친구 A가 불법 도박으로 몇백만 원의 돈을 땄다는 이야기를 듣고, 도박을 시작한다. 가위바위보, 홀짝 게임을 시작으로, 바카라, 불법 토토까지 손을 대다가 아예 친구들에게 고리대금 사업을 시작한다. (도박 등에 빠져 돈이 필요한 아이들에게 고리로 돈을 빌려줬다.) 심지어 돈과 불어난 이자를 받기 위해 폭력과 물품(명품)을 갈취하기도 한다. 갈취한 물품을 중고장터에

올려서 팔다가 명품 사기를 벌이기도 한다. 나중에는 미성년자 성매매 알선과 포주의 역할까지 하게 된다.

어떻게 하면 이런 아이들을 구해 낼 수 있을까? 아무리 고민해도 답을 찾을 수 없어 기도를 할 수밖에 없었다. 그렇게 하나님이 허락하신 지혜로 질서를 잡아 가다 보니 6년의 시간이 흘렀다. 어디로 튈지 모르는 아이들에게 건강한 미래를 준비할 수 있도록 바운더리를 만들어 주는 일은 엄청난 인내력이 필요했다. 마치 예수님이 우리를 위해 인내하시는 것처럼 우리의 사역도 깊은 인내가 필요했다. 이 싸움은 여전히 계속되고 있다. 그 결과 처음에 만났던 아이들이 때로는 군대 휴가 나왔다고, 이제 정신 차리고 취직했다고 고맙다고 종종 찾아오는 날이면 오랜 고난의 보상을 받은 것마냥 행복에 젖어 든다.

불법 도박에서 성매매까지
광란의 질주

정말 아이들은 상상할 수 없다. 겉모습은 착해 보여도 깜짝 놀
랄 때가 많다. 사회가 변화되면서 아이들의 놀이와 관심도 달라
져 간다. 코로나19 이후 성과 관련된 많은 문제가 아이들의 삶에
깊숙이 들어왔다. 성폭력, 가스라이팅, 그루밍, 불법 촬영 및 유
포, 성 착취물 소지 및 매매, 성매매까지 상상할 수 없는 일들이
아이들과 밀접하게 위치해 있다.

성범죄로 유입되는 많은 경로 중 대표적인 사례가 전 챕터에서
언급한 불법 도박이다. 한 통계에 따르면 고등학교 한 학급 25-30
명 중 6-7명이 불법 도박 경험이 있다고 답했다. 그중 반수는 자
주 불법 도박에 빠져 있다고 한다. 실제 불법 도박이 원인이 되어
금품 갈취를 한다든지, 중고장터 사기 등으로 센터를 찾게 되는
아이들이 상당수이다.

최근 청소년들에게 명품이 유행이다. 특별교육을 오는 아이들의 신발장을 보면 50-60만 원짜리 운동화가 가득하다. 처음엔 잘 몰랐다가 아이들에게 물어보면 아이들은 이렇게 대답한다.

"이건 'G찌', 이건 'T브라운', 이건 OOO 컬래버 'N이키' 한정판이에요. 이건 리셀가가 100만 원이 넘어요."

"!!!"

"이 후드티는 120만 원이에요."

"그걸 부모님이 사 주셨니?"

"아뇨. 도박 빚 대신 받았어요."

세상 참 요지경이다. 어른들의 잘못된 소비 욕망이 넘쳐나는 SNS를 통해 청소년들에게까지 영향을 미친다. 나도 친구처럼 SNS에 나온 명품 신발을 신고 싶은데 돈이 없으니까 쉽게 돈을 벌 수 있는 것처럼 보이는 불법 도박에 손을 댄다. 2학년 몇 반의 누가 도박으로 250만 원 땄다는 도시 전설이 각 학교마다 있기 때문이다. 처음엔 따는 듯싶지만 계속하다 보면 10만 원-20만 원을 잃다가 수천만 원의 빚을 지는 경우도 있다.

더 심각한 경우도 있다. 남자 친구가 불법 도박으로 큰 금액의 빚을 지자, 오빠를 돕기 위해 중학교 2학년 여학생이 성매매를 하기까지 한다. 문제는 이 오빠가 정신을 못 차리고 계속 도박을 끊지 못해 빚은 늘어 갔고, 결국 두 아이는 성매매 알선 등으로 10호 처분을 받아 소년원에 2년 동안 수용되었다. 그 이후에도 남자아이는 소년원에서 다른 여자아이에게 성매매를 강요하여 상납을 받았다는 이야기를 들었다. 소년원에 가서도 성매매를 시키고 그 돈을 갈취했다니, 정말 놀라운 일이다. 이렇듯 기본적인 성교육조차 되어있지 않은 청소년들이 너무 많다. 거기에 오픈 채팅방에 들어가 보라. 미성년자들의 성을 사기 위해 눈이 벌건 성인들이 가득하다.

제발, 어른들이여, 정신을 차려라. 무엇이 중요한지, 그렇게까지 성의 노예로 살고 있는 사람들은 부디 가까운 심리 상담 센터나 정신과를 찾아보시길 권한다. 성에 대한 심각한 결핍이나 중독은 분명히 치료받아야 할 병임을 다시 한번 강조하고 싶다.

아이들의 관점에서 보면 이 세상은 너무 이중적이다. 자기 또래의 아이돌들이 헐벗은 몸으로 관능적인 춤을 추는 것에는 열광하면서, 아이들에게는 마치 정숙하고, 성에 대해 아무것도 모르게 순진하게 자라나기를 바라는 이중적인 어른들의 태도를 아이들은 어떻게 볼까? 그런 잘못된 어른들을 경험한 청소년들에겐 모든 어른이 그렇게 보일 것이다. 건강한 어른이 아이들에게 필요한 이유가 여기 있다. 이 시대의 청소년들은 건강한 어른을 만나길 기다리고 있을지도 모른다.

Second Chance

매년 우리 기관에 성범죄를 저지르고 수강명령 교육을 받기 위해 오는 아이들은 150-200여 명 정도다. 보호처분 1호-5호에 속하는 아이들. 한 번의 기회를 얻은 아이들이다. 만약 다시 어떠한 성범죄라도 연관된다면 기관이나 시설에 가게 될 확률이 높다. 이 아이들의 판결이 담긴 법원의 결정문을 받아 보면 놀라지 않을 수 없다. 어떻게 이런 범죄를 청소년이 저질렀단 말인가? 진심으로 궁금하다.

우리 기관은 이 아이들의 재범을 방지하기 위해 새로운 커리큘럼을 만들어야 했다. 바로 성 인지 감수성을 기반으로 한 교육이 필요했다. 범죄 사실을 확인하고 아이들과 범죄를 저지른 상황에 대해 이야기해 보면 대부분 잘못된 성 인식에 기인하거나, 성범죄에 대한 지식이 부족하기 때문인 경우가 대부분이기 때문이다.

이를 위해 나는 우리 선생님들과 오랜 시간을 들여 새로운 커리큘럼을 개발했다. 청소년들이 오해하기 쉬운 이 사회가 왜곡한 성 지식과 성 인식을 바로잡는 다양한 프로그램들이 포함되어 있다. 또 부모 교육도 함께 진행하는데, 잘못된 성 인식으로 범죄를 저지른 아이가 재범하지 않도록 바르게 양육하기 위한 실제적인 교육을 목표로 개발하였다.

수강명령 교육은 일주일 30시간이기 때문에 많은 선생님들이 각 분야를 맡아 다양한 교육을 진행하고, 부모 교육은 12시간으로 여유가 없기 때문에 반 이상을 내가 직접 교육한다. 부모님들은 재판까지 진행한 상황이지만 기본적으로 성범죄에 대한 지식이 별로 없으시기 때문에 내 자녀가 지은 죄가 어디에 속하고, 재범하지 않도록 가정에서 어떻게 교육을 해야 하는지, 또 청소년기가 성에 민감할 수밖에 없는 특징들을 강의한다. 대부분의 부모님들은 강의에 집중하며 최선을 다해 경청해 주신다.

그동안 아이들의 성범죄를 분류해 보면 29가지 유형이다. 대부분 우발적인 범죄이지만 최근 온라인 성범죄가 급격하게 증가하고 있다. 포르노, 19금 웹툰, 성 착취물 등이 동영상 플랫폼, SNS,

숏폼 미디어, 오픈 채팅, 메타버스 등에서 무분별하게 유통된다 물론 아동·청소년을 보호하는 기준들이 엄연히 존재하는 것이 사실이다. 하지만 교묘하게 법망을 피해 아이들이 불법적인 성 미디어에 노출되도록 만들어 놓은 것도 어른들이다. 성호르몬이 아동기에 비해 200-300배 증가하는 청소년 시기에 이런 유혹에 약할 수밖에 없다.

어른들이 먼저 건강해야 한다. 우리 어른들이 건강한 롤 모델이 되어 주어야 하는데, 지금의 현실을 보면 아이들이 망가지는 게 너무나도 당연하게 느껴진다. 성적과 돈 그리고 성공에만 치우쳐 아이들이 숨조차 쉴 수 없도록 몰아가니 아이들은 도피처를 찾게 되는데, 그것도 어른들이 만들어 놓은 불법 사이트라면 우리는 아이들의 행동을 지적하고 죄악시하기 전에 왜 이 아이들이 그렇게 되었는지를 고민해야 하지 않을까?

선을 지키는 교육

우리 기관은 교육청 지정 특별교육기관이다. 학교에서 흡연, 근태, 상습 지각, 교사 지시 불이행, 폭력 행위 등등으로 벌점이 쌓이거나 선도위원회를 거쳐 우리 기관에 특별교육을 받으러 오면 기본적으로 소지품 검사와 복장 검사를 진행한다. 복장은 학교를 등교할 때와 같아야 하고, 신발도 슬리퍼 등은 안 된다. 휴대폰은 교육 시간 동안 반납이고, 만약 담배를 소지하거나 흡연이 적발되면 바로 퇴교 조치를 하게 된다. 아이들의 입장에서는 학교도 아닌데 학교보다 더 까다롭다 보니 불만이 많다. 아이들의 많은 불만 거리 중 단연 1위는 놀랍게도 흡연에 대한 것이다.

한 아이가 지각도 했고, 소지품 검사를 하니 담배가 가방에서 나왔다. 그래서 그 아이에게 담배를 소지했으니 퇴교시키겠다고 하자 갑자기 돌변해서 그동안 들어 본 적도 없는 온갖 욕을 쏟아

냈다. 10분여 동안 소리를 지르고 욕을 하더니 밤길 조심하라는 협박의 말과 함께 돌아갔다. 학교에서는 담당 선생님이 죄송하다고 사과하셨지만, 부모는 전화로 왜 퇴교를 하게 되었는지, 어떤 식으로 소란을 피웠는지는 묻지도 않고 그저 미리 지불한 점심값을 돌려 달라고 했다. 물론 부모에게 사과를 받기를 원해서 서운했던 것은 아니다. 아이가 학교에서 문제를 일으키고 특별교육기관에 와서도 퇴교를 당했다면 어떤 문제가 있었는지 고민하고, 그 문제를 해결하기 위해 무언가라도 해 보려는 의도조차 보이지 않아 가슴이 아팠다. 어쩌면 아이와의 문제로 지쳐서 여력이 없거나, 포기한 것일 수도 있다.

특별교육기관으로 지정되어 위기의 아이들을 만나 오랜 시간 교육해 왔지만 매주 아이들이 올 때마다 이번 주엔 어떤 아이들이 올까? 기도를 저절로 하게 된다.

휴대폰을 제출하지 않으려고 하는 아이들, 담배를 가지고 와서 몰래 계단실이나 소화전에 숨겨두었다가 몰래 피려는 아이들과 기싸움은 매일매일 계속된다.

특별교육은 주 5일, 하루 6시간씩 학교 대신 우리 기관에 와서 교육을 받고 다시 학교로 복귀시키는 프로그램이다. 아이들이 가장 힘들어하는 것은 위에서 언급했던 것처럼 담배이다. 보통 중학교 때나, 빠르면 초등학교 고학년부터 담배를 피우기 시작한 아이들은 고등학생이 되면 벌써 흡연 4-5년 차로, 이 아이들이 학교에서 담배를 피우다 걸리는 이유가 짐작이 된다. 겉멋이 들어서 폼을 잡으려고 피우는 것이 아니라 긴 학교 수업 동안 담배를 피지 못해 힘들기 때문이다. 그만큼 니코틴 중독인 아이들이 많이 있다는 것, 그리고 이 현상은 남녀 학생들을 가리지 않는다는 것이다. 학교에서 담배를 피우다 걸려서 특별교육에 와서도 틈만 나면 아이들은 선생님들을 시험한다.

"선생님, 담배 한 번만 피우면 안 돼요? 담배 한 번만 피우게 해주세요."

우리는 담배를 절대 용납하지 않는다. 하지만 아이들은 절대 포기하지 않는다. 늘 새로운 수법으로 담배를 숨기고 쉬는 시간이나 점심시간에 어떻게든 한 모금이라도 피우려 하고, 우리는 그 아이들을 적발해 낸다. 심지어 소화전 속에 숨긴 담배를 꺼내다가 소방 벨을 건드려 온 건물에 화재 경보가 울렸던 적도 있다. 우리 기관이 위치한 건물 위층엔 아기를 출산한 산모들의 회복을 위한 산후조리원이 위치해 있는데, 짧은 시간이었지만 느닷없이 울린 화재 경보에 난리가 났었다고 한다. 다행히 소방차가 출동하기 전에 사건이 마무리되었지만, 아찔한 상황이었다.

매일 아이들과 담배 숨바꼭질이 벌어진다. 그래서 우리는 담배를 소지하고 오는 것부터 금지를 시킨다. 한번은 화요일에 가방에서 담배가 나온 아이들 4명에게 주의를 주고 내일도 가져오면 퇴교 조치를 시키겠다고 경고했지만, 수요일에도 또 가져온 아이가 있었다. 그래서 퇴교 조치를 하고 학교로 복귀를 시켰다. 잠시후, 학교에서 연락이 와서 죄송하다며 그냥 교육을 이수시켜 줄수 없냐는 전화가 왔지만 강하게 안 된다고 거절했다. 또 그 아이의 부모님이 전화를 하셔서 "너희들이 뭔데 우리 아이를 퇴교시키냐?"며 항의가 이어졌고, 아이는 아이대로 전화를 해서 아무리 그랬다고 해도 진짜 퇴교시키냐며 욕을 한참 하더니 다음에 만나면 죽이겠다는 협박까지 서슴지 않았다. 긴 항의 전화를 끊고 조금 쉬고자 앉아 있자, 갑자기 두려움이 몰려왔다. 혹시 '진짜로 퇴근하는데 주차장에 칼을 들고 찾아오면 어떻게 하지?' 하는 생각이 들었다. 나뿐만이 아니라 우리 선생님들도 아이들에게 시달리고 크게 달라지지 않는 아이들과 매번 새로운 아이들의 모습에 힘들어하는데, 특별교육 자체에 대한 회의가 몰려왔다. 교육청에서 지정받은 특별교육 이수 기관을 반납할까 하는 생각마저 들었다. 주님 앞에 무릎 꿇고 하나님께 너무 힘들다고 하소연했다. 하지만 그 순간 하나님께서 이 지역에 보내신 목적을 생각나게 해주셨다. "그 아이들을 포기한다면 아이들은 어디로 가겠니?", "한마디 따뜻한 이야기라도 던질 수 있는 너희가 버텨야 하지 않을까?"라는 음성을 들려주셨다. 기도를 마치고 나니 하나님께서 다시 한번 이 자리로 보내신 목적에 대한 확신이 들었다.

또 한 가지 아이들이 가장 싫어하는 룰이 휴대폰을 반납해야 한다는 것이다. 아이들에게 휴대폰은 그냥 전화가 아니다. 아이들의 인격이자 자기 자신의 페르소나, 분신, 아니, 자기 자신이다. 물론 학교에서도 휴대폰 때문에 교칙을 어겨서 오는 친구들도 꽤 많다. 그래서 학교에서는 공기계를 대신 제출하는 아이들도 있다. 하지만 여기서는 그게 안 된다. 교실이 달랑 2개밖에 없고, 보통 5-8명 정도의 아이들이 수업을 듣기 때문에 들키지 않을 수가 없다. 하지만 자제력이 없고 상황 판단이 미숙하고, 기존의 가치를 부정하려는 청소년들이기에 가장 기본적인 약속을 지켰을 때 그것을 책임져야 한다는 것을 가르쳐 주기 위해서라도 우리는 룰을 더 엄격하게 지킨다. 물론 그렇게 하기 위해 우리는 특별교육 신성을 받을 내 관련된 사항을 매번 학교로 공유하고, 각 가정에 공지해 주기를 부탁한다. 하지만 이 전달 시스템이 잘 작동하지 않을 때도 있다.

한 아이가 핸드폰 반납을 거부했다. 학교에서 또는 가정에서 공지가 누락된 것이다. 휴대폰을 내야 수업을 들을 수 있다고 하니까 분노를 토해 낸다. 퇴교 조치를 하니 알았다고 하고, 학교도 아닌 주제에 별걸 다 시킨다고 욕을 한참 하고 나갔다. 이후 교육을 하고 있는데, 그 아이의 어머니가 전화를 하셨다. 아이를 설득해서 교육을 받고자 하는데 한 번만 기회를 달라는 것이었다. 아이가 올라와서 "한 번만 받아 주세요. 조용히 교육 잘 받겠습니다."라고 말하며 복도에서 무릎을 꿇었다. 당황해서 일어나라고 하고 수업을 진행하며 물으니 엄마가 울면서 며칠 후에 폭력 행위로 재판도 받아야 하는데, 그러면 안 된다고 설득해서 다시 올라오게 되었다는 것이었다. 그나마 개선의 여지가 있는 아이였다.

이렇게 우리는 규칙이 엄격한 기관이다. 때로는 아이들이 다른 기관은 이렇게 빡빡하게 하지 않는데 왜 여긴 그러냐고 항의를 하기도 한다. 하지만 절대 물러서지 않는다. 왜냐하면 이 어린 시

절에 규칙을 어기는 것이 아무것도 아니라고 배우게 된다면 이들
이 성장했을 때 어떤 결과를 초래할지 알 수 없기 때문이다. 차라
리 우리가 괴롭더라도 아이들에게 지켜야 할 것을 지키는 것의
가치와 잘못했을 때, 그 결과를 자신이 책임져야 한다는 것을 가
르치는 것이 더 중요하다고 생각되기 때문이다. 그렇게 금요일까
지 잘 버텨 준 친구들은 마지막 조회가 마치면 반드시 고맙다고
인사를 하고 문을 나선다.

피해자에서 가해자로…

동탄은 신도시이고, 인구 유입이 계속되는 곳이다. 당연히 모두가 전학을 온 도시이다. 그리고 원주민이 없다. 그렇다 보니 주인이 없다. 아이들은 전학을 오면 힘을 과시하여 서열을 새롭게 정리하길 원한다. 저번 학교에서 노는 아이들 때문에 힘들었던 아이들은 다시 당하고 싶지 않은 마음에 강한 척, 노는 척하기도 한다.

안 피우던 담배도 피우고, 힘센 아이에게 붙어서 똘마니 역할도 하고, 약한 아이들을 건드려 보기도 한다. 그러면서 차츰 잘못된 행동을 하게 되고, 자신을 괴롭혔던 아이와 비슷하게 변하게 된다. 그러다 보면 학교 폭력으로 선도위원회를 거쳐 특별교육을 오게 된다. 피해자가 피해를 더 이상 당하지 않기 위해 강한 척하다가 진짜 학교 폭력을 저지르게 된 것이다. 즉, 피해자가 가해자가 되고, 가해자가 피해자가 되는 악순환이 이루어진 것이다.

학교폭력으로 특별교육을 오게 되는 아이들은 1:1 교육을 진행하는 경우가 많다. 피해자와 연관되어 혹여나 일어날 수도 있는 2차 가해를 사전에 예방하기 위해서이다.

1:1 교육을 받는 아이들은 담담하게 자신의 생각을 순순히 이야기한다. 중학교 때까지 선배와 노는 친구들한테 괴롭힘을 당했었는데, 고등학교에 오면서 키도 크고 덩치도 커지면서 이제는 그렇게 살기 싫어서 강하게 보이려고 많이 노력했다는 것이다.

"선생님, 저는 동탄 전체 일짱이 될 거예요."

왜 그렇게 되고 싶냐고 물어보니 자신을 괴롭혔던 애들한테 복수해 주고 싶다는 것이다. 애들이 자기를 무서워하고 쪼는 걸 보면 너무 기분이 좋다고 한다. 이런 문화는 여자아이들에게도 있다. 동탄에서 노는 여자아이들의 단톡방이 있다. 그곳에서 누군가가 표적이 되면 그 아이를 괴롭히고, 각종 셔틀로 만들기도 하고, 단체 폭력도 이루어진다. 심지어 성매매도 이루어진다.

문제는 이런 문제가 사춘기라는 특정한 시기로만 끝나지 않을 수 있다는 것이다. 이런 문제들은 품행장애로 이어지는 경우도 있다. 또 비슷한 아이들이 친구들과 조직적인 형태로 좀 더 대담한 범죄를 저지르는 경우도 많이 있다. 문제는 이렇게 발전되는 많은 아이들이 구조화된 폭력의 피해자였다는 것이다. 부모와 사회의 무관심 가운데 용인되고 있는 많은 폭력은 아이들에게 선망의 형태로, 혹은 자신의 문제를 해결할 수 있는 방법으로 인식되어 서로가 서로를 모방하는 형태로 발전하게 되는 것이다. 이런 아이들 세계의 악순환을 우리는 어떻게 끊어 낼 수 있을까?

세상을 거슬러
올라가고 싶은 아이들

흐르는 강물을 거꾸로 거슬러 오르는 연어들의
도무지 알 수 없는 그들만의 신비한 이유처럼~

나는 가끔 이렇게 강산에 씨의 '연어'라는 노래를 흥얼거린다.
강산에 씨의 구성진 음색이 좋아서도 있지만, 이 가사처럼 이곳에
서 만나는 아이들의 행동이 연어들처럼 도저히 이해가 안 가서이
기도 하다.

학교에서 아이들을 보내오는 사안은 그야말로 각양각색이다.
흡연, 상습 지각, 결석, 교사 지시 불이행, 교칙 미준수 등등 수많
은 사안이 존재한다. 아침 조회 시간에 아이들이 특별교육에 온
사안들에 대해 어떻게 인식하고 있으며, 왜 특별교육 처분을 받
은 것인지에 대해 알기 위해 '사건의 재구성'이라는 프로그램 수업

시간을 갖는다. 왜 그렇게 지각을 하게 되었는지, 아니면 어떤 교칙을 어떻게 어기게 되었는지 육하원칙에 의해 상세하게 써 보는 시간이다. 매우 잘 적는 아이들도 있고, 서술 자체를 힘들어하는 아이들도 있다. 그런데 문제는 육하원칙 중 '왜?'에 대해 서술할 때에 드러난다.

친구랑 서로 툭툭 치면서 장난치다가 종이 울리고 선생님이 들어오신다. 마지막으로 친구가 선생님이 들어오시기 직전 엄청 세게 머리를 때리고 자리로 도망을 친다. 선생님이 이미 들어와서 교단에 서 계신다. 하지만 친구가 선을 넘었기 때문에 참을 수 없어 친구한테 간다. 수업이 시작했으므로 선생님이 지적하며 자리에 가서 앉으라고 하신다. 억지로 자리에 앉았지만 내가 잘못한 게 아니라 친구가 잘못했는데 선생님은 나한테만 뭐라고 하시니 이건 공정하지 않다. 그러니 더 화가 난다. 결국 참지 못하고 친구한테 달려들었다.

학교 폭력 사안에 교사 지시 불이행까지 덤으로 붙어서 특별교육에 오게 된 사안이다. 어른들의 관점으로 보면 너무 우스운 일이지만, 아이들의 입장에서는 정말 중요한 일인 경우가 많다. 청소년 시기는 매우 언발란스한 시기이다. 정의와 진실의 가치에 매우 관심이 많지만, 위기의 상황이 오면 거짓말을 너무 쉽게 하기도 한다. 금방 들킬 거짓말을 어떻게 할 수 있을까? 도무지 어른의 기준으로는 이해할 수 없다.

청소년기에 대해 우리가 알고 있는 많은 특징들이 있다. 반항적이고 감정 기복이 심하며, 쉽게 분노를 표출하고, 단기적 보상에 민감한 것 등등이다. 모두 어른의 관점으로 보면 이해가 가지 않지만 청소년의 뇌 발달과 청소년기의 발달 과업을 바탕으로 청소년들을 보면 그리 어려운 난제는 아니다.

청소년은 아동기의 종결과 함께 성인기 사이에 위치하여 사회적, 심리적, 생물학적으로 모든 면에서 완성되어 가는 시기이며, 이 시기의 급격한 신체적 변화와 함께 자신의 정체성에 대한 혼란과 사회적 역할에 대한 관심이 증대되는 시기이다. 따라서 이 시기의 발달 과업은 자신의 정체성을 확립이다. 아동기에는 느끼지 못했던 부모와 가정으로부터 심리적 독립 욕구가 일어나며, 이를 통해 자신의 정체성을 확립하고자 한다.

이 시기의 청소년들에겐 부모의 말이 맞고 틀리고는 중요한 문제가 아니라는 것이다. 사춘기 전까지 그렇게 말을 잘 듣던 아이기 엄마, 아빠가 말만 하면 짜증을 내고 공격적인 태도를 취하는 이유는 엄마, 아빠가 싫어서도 아니고, 그 말이 틀렸기 때문이 아니라 그 말을 거부함으로 자신이 원가족과 독립을 준비하고 있다는 선언이라고 봐야 한다는 것이다. 이는 부모와의 관계에서만 일어나는 문제가 아니다. 학교의 교칙이나 선생님의 지시에 순응하는 것 자체가 자신의 정체성에 대한 위기로 인식되는 시기이기 때문에 늘 반항적이거나 삐딱한 관점으로 기존의 시스템에 대해 반응을 하게 된다.

이렇게 청소년기에 대해 이해를 하게 되면 아이들을 상대하기가 쉬워져야 하지만 실상은 그렇지 않다. 매일매일 벌어지는 아침의 기싸움을 하다 보면 아이들에 대한 긍정적 생각이 사그라든다. 거기에 문제는 아이들에 대해 이해하지 못하는 부모님이 끼어들게 되면 더 심각해지기 일쑤다.

앞에서 언급한 대로 기존의 가치나 규칙을 우습게 여기는 청소년들을 교육하기 위해 우리 기관은 아주 엄격하게 규칙을 지키도록 교육시킨다. 그러다 보니 아이들과 아침부터 대립각을 세우는 경우가 많다.

"1분도 안 돼요?"

"어, 안 돼. 1분을 늦건 5분을 늦건 마찬가지야. 퇴교니까 학교로 돌아가."

"에이, XX."

욕을 해 대며 돌아서는 아이들의 모습을 볼 때마다 마음이 안 좋지만, 우리의 역할이 그것이기 때문에 어쩔 수 없다. 거칠게 항의하는 아이들도 간혹 있지만 거의 대부분의 아이들은 규칙이라고 설명하면 수긍을 한다. 문제는 아이의 부모가 다시 연락을 올 때이다.

"너희들이 뭔데 우리 아이를 퇴교시키는데? 학교도 아닌 주제에 너희들이 그렇게 대단해? 너 어디 학교 나왔는데? 내가 교육청 장학사랑 잘 아는데 가만두지 않겠다."라며 다짜고짜 소리 지르며 욕을 하는 부모님도 계신다.

여기에 그치지 않고 교육청과 학교에 민원을 넣는 부모도 있다. 처음에 이런 전화가 오면 무섭고 마음이 무거웠다. 부모들이 교육청에 민원을 넣으면 교육청은 부모의 말을 근거로 시정을 요구한다. 하지만 이제 나는 안다. 작은 잘못을 눈감아 주고, 명확한 잘못을 쉽게 구제해 준다고 아이들이 바뀌지 않는다는 것을…. 오히려 시스템과 규칙을 우습게 보고 다른 아이들에게까지 물들이는 경우를 너무 많이 봤다. 이런 경우 교육의 효과는 전혀 없다고 할 수 있다. 그래서 이제는 배짱 장사를 한다. 이런 말도 안 되는 민원을 가지고 기관에 연락을 하면 이제 우리 기관은 더 이상 특별교육을 진행할 수 없으니 지정을 취소해 달라고 이야기를 한다. 특별히 아이들의 권리를 침해했거나 잘못된 교육을 했다면 받아들일 용의가 있지만, 학교의 규칙을 어겨서 특별교육에 오는 아이들을 교육의 일환으로 진행한 것에 대해 교육청이 시정을 요구한다면 더 이상 함께할 수 없다는 말이다. 처음에 우리가 특별교육 기관으로 지정될 때만 해도 꽤 여러 개의 기관이 특별교육을 운영했었지만 돈이 되는 것도 아니고, 보람을 느끼기도 어려운 특별교육은 기피 사업이 되어 버렸기 때문이다. 지금은 1동탄에 1개 기관, 2동탄에 우리 기관만 남아 버렸기 때문에 부릴 수 있는 배짱이다.

물론 부모님들의 입장에서야 아이가 학교에서 문제를 일으키고 특별교육까지 가서도 퇴교를 당하면 속상한 것은 당연할 것이다.

하지만 특별교육 이수에 초점을 맞추는 것이 아니라 아이가 자신의 행동에 문제가 있다는 것을 인식하고 행동 수정의 계기가 될 수 있다면 더 좋은 교육 효과를 얻을 수 있는 기회가 될 수 있다는 사실을 기억해 주길 바란다. 건강한 어른이란 무조건 항의하기보다는 자신의 행동에 책임을 지는 어른이 아닐까? 자신의 잘못을 인정하고 규칙을 어긴 것에 대해 피해자기 있다면 피해를 보상하고 다시는 이런 일이 일어나지 않도록 노력하는 어른의 모습을 아이들이 경험한다면 아이들은 건강한 어른이 될 수 있는 바탕을 얻게 될 수 있다고 생각한다.

건강한 어른은 어디에 있나요?

미성수한 아이들,
미성숙한 부모

이렇듯 미성숙한 부모에게서 미성숙한 아이들이 나온다. 사랑
이라는 이유로 아이의 말만 듣고 일방적인 판단을 내리고 기관을
찾아와 횡포를 부리는 학부모나 항의하기 위해 아이들과 함께 찾
아와 매우 무례한 말을 함부로 던지는 부모들을 만나게 되면 참
난감하다. 그렇게 아이의 편만 들어 주는 것이 사랑이 아닌데 말
이다. 아이가 배워야 할 것은 어떤 사건을 인식할 때 최대한 다양
한 관점에서 면밀하게 상황을 분석하고, 합리적인 방식으로 판단
을 하는 것이 부모에게 요구되는 태도일 것이다. 하지만 부모들은
아이의 편을 들어 주는 것이 사랑이라 착각한다. 부모의 일관성
없는 선택 때문에 아이는 자신이 무엇을 잘못했는지를 배울 기회
를 상실한다.

건강한 어른은 어떤 사람일까? 자신의 감정이나 이득에 휘둘
리지 않고 상황을 정확하게 판단하고, 공정한 결정을 할 수 있는

사람일 것이다. 하지만 일관성 없는 부모에게서 자란 자녀는 삶의 기준을 갖지 못하게 되고 건강한 삶의 바운더리가 세워지지 않는다.

아이가 성장하면서 발전하기 위해서는 자기 객관화를 통해 성장의 모멘텀을 마련하는 것이 중요하다. 하지만 늘 사신의 잘못이 있을 때 부모가 나타나 자기편을 들어주게 되면 아이는 자신의 문제를 해결할 능력을 얻지 못하고 평생 부모의 도움을 바라는 인생이 되어 버린다. 어릴 적부터 이렇게 '사랑'이라는 착각으로 아이의 손과 발을 다 묶어 버리는 부모의 양육 태도는 결국 아이의 자율성을 키우지 못한다. 이런 아이들은 자존감이 낮다. 스스로 할 수 있는 일이 없다고 생각하기 쉽다.

그렇다면 어떻게 해야 할까? 스스로 할 수 있도록 기회를 주고 결과를 칭찬하지 말고 도전과 과정에 대한 부분을 드러내 인정해 주면서 자율성이 키워질 수 있도록 도와야 한다.

어느 날 출근을 하니 특별교육 담당 선생님이 안절부절못하고 있었다. 부모가 교육청과 학교에 아동학대로 우리를 신고했다는 것이다. 무슨 내용으로 신고를 했느냐고 물었다.

우리 기관 특별교육 중 가상 독특한 프로그램은 〈가치있는 갔이걷기〉이다. 일주일 중 목, 금요일이 되면 담당 선생님과 함께 걷기 프로그램을 진행한다. 시간이나 날씨에 따라 걷는 거리도 다양하고, 쓰레기를 주우며 진행하는 플로깅 형태나 거리는 짧지만 산에 오르는 등산 행태도 있다. 가장 긴 코스는 18km로 아침부터 출발해서 도중에 점심을 먹고 마치는 5시간짜리부터 가볍게 쓰레기를 줍는 산책 형식의 프로그램도 있다. 아이들은 처음에는 그렇게 오래 걸어 본 적이 없기 때문에 거부하기도 하고 힘들다고 징징대기도 하지만 자연을 보며 함께 걷다 보면 기분도 좋아지고 마무리했을 때 성취감도 느끼게 되고 함께 걸었던 선생님과 친구들과 동료의식을 얻게 된다.

부모가 '아동 학대'로 신고를 한 아이의 경우는 화요일 오전에는 수업을 듣고 점심을 먹고 오후 3시간을 걸었다고 했다. 걸을 때는 아무 말 없이 잘 걸었는데, 그 아이의 아버지는 아이의 말을 듣고 아이가 걷기 싫다고 했는데 억지로 걷게 했다는 것이다. 결국 아이는 미이수 처리가 되었다.

교육청에 전화를 걸어 담당자와 통화를 했다. 우리의 프로그램은 모두 우리 아름다운사람들의 교육철학에 맞추어 기획되어 있

고 오랜 시간 아무 문제 없이 진행되어 왔는데 아동 학대로 판단
이 되면 우리는 더 이상 특별교육을 진행하지 않을 테니 지정을
취소해 달라고 말했다. 그리고 담당 선생님께는 우리가 잘못한
것은 없으니 계획대로 교육을 진행해 달라고 부탁했다.

부모는 자기 아이들을 정말로 모른다. 아이들은 자기를 정당화
하기 위해 쉽게 거짓말을 하기도 하고 사건을 자신에게 유리하도
록 왜곡하기도 한다. 아이가 잘못한 것은 직시하지 못하고 아이
의 말만 듣고 상황을 판단한다면 아이는 부모를 어떻게 볼까? '아,
아빠는 어떤 상황에서도 내 편이구나'라고 생각하고 든든해할까?
아니면 '우리 아빠는 말만 잘하면 내가 마음대로 조종할 수 있겠
구나'라고 생각할까?

월요일 아침에 처음 특별교육을 받기 위해 오는 아이들을 보면
상처 입은 동물 같은 표정이 대부분이다. 무슨 이야기냐 하면 가
정이나 학교에서 수많은 관계 가운데 어른들에게 상처를 입고 특
별교육에 온 표정이라는 것이다. 자신이 신뢰할 수 있는 어른을
한 번도 만나 본 적 없는 표정. 마치 어른들과의 관계에서 입은
상처에 또 다른 상처를 주는 어른이 아닐까 하고 의심하고 경계

하는 표정이다.

우리 선생님들은 참 좋은 분들이시다. 다 모범적이고 신앙도 깊은 분들이다. 나는 우리 선생님들에게 교육 규칙에 대해서는 매우 엄격하게 적용하지만, 아이들을 대할 때는 아이들의 인격을 존중하고 최대한 친절하게 대해 달라고 늘 부탁한다. 절대 아이들을 무시하지 말고, 한 명 한 명 소중한 존재로 대하자고 이야기한다. 그래서 처음에는 경계를 하고 의심의 눈초리를 보내던 아이들도 하루 이틀이 지나면 경계를 풀고 수업 시간도 꽤 화기애애한 분위기가 된다.

솔직히 아이들은 밥도 맛있고, 친절한 선생님과 소수의 아이들이 수업을 하니 꽤 마음에 들어 한다. 아이들은 건강한 어른을 만나면 생각보다 쉽게 마음을 연다. 그래서 마지막 날이 되면 아이들은 "샘! 저 다음에 특교 또 와도 돼요?", "샘, 학교 대신 여기로 매일 나오면 안 돼요?" 하고 실없는 농담을 하기도 한다. 그럼 짐짓 엄하게 "안 돼! 학교 가야지. 이제 오지 마. 지겨워." 하고 농담으로 받아 준다. 그러면 아이들은 "저 학교에서 또 사고 치고 올 테니까 다른 곳으로 보내면 안 돼요."라고 말하며 웃는다.

한동안 선생님들의 부탁으로 월요일 첫 시간 조회를 담당했던 적이 있다. 특교를 오는 아이들이 하도 드세서 내가 첫 시간 기강을 잡아 주면 좋겠다는 것이었다. 때로는 베테랑 선생님들도 힘드실 때가 있다. 사안을 보면 흡연, 근태, 교사 지시 불이행 등 대부분이 사춘기 주 증상으로 일어난 사건들이다. 하지만 가정 환경도 중요하다. 사춘기라도 건강한 가정의 아이들은 건강한 사춘기를 보내게 된다. 사춘기 전까지는 말도 잘 듣고 큰 문제가 없지만 그 시기가 되면 아이들이 머리가 커서 말을 안 듣는다고 어떻게 해야 할지 모르겠다고 울상을 짓는 부모님들이 종종 찾아온다.

어떤 부모님이 학교를 통해 상담 요청을 하고 찾아왔다. 부모의 말로는 자녀가 계속 가출을 하고 늦게 들어오고 밤늦게 나가서 어떻게 해야 할지 모르겠다고 한다. 자신이 회사를 그만두고 늘 붙어 있을 수도 없는데, 어떻게 해야 할지 모르겠다는 것이다. 처음에 상담을 시작하며 아이도 4회 정도 만나 상담을 진행했다. 가출해서 뭘 하느냐는 질문에 아는 오빠들과 길거리를 싸돌아다니거나 노래방에 가기도 하고 24시간 찜질방이나 돈을 모아서 모텔에 가기도 한다고 대답했다. 아이는 집이 답답하다고 했다. 집에 있으면 안정이 안 되고 또 집에서는 자기를 투명인간 취급을 해서 집을 나가게 된다고 했다. 부모의 양육 태도에 문제가 있었던 것이다. 부모님과의 상담을 통해 양육 태도를 면밀히 분석하고 상담을 진행하니 아이가 점점 변화되는 것을 느낄 수 있었다. 결국 꽤 시간이 걸리긴 했지만 부모가 바뀌니 아이가 더 이상 가출을 하지 않게 되었다. 최근에 대학에 입학해 행복한 학창 시절을 보낸다는 소식을 들었다.

금요일이 되면 특별교육 마지막 종례 시간이 되고 맡겨둔 핸드폰을 받아 집에 가는 아이들에게 나는 늘 이렇게 인사를 한다.

"이제 다시 보지 말자~"

너무한 말처럼 들릴 수 있지만 아이들은 이 인사의 뜻을 잘 이해한다. 사고 치고 특별교육으로는 보지 말자는 인사란 것을….

뜻밖의 여정
(Unexpected Journey)

영국 판타지의 거장 J. R. R. Tolkein의 소설 『호빗』을 영화화한 호빗 시리즈의 첫 번째 제목은 〈뜻밖의 여정〉이다. 주인공인 빌보 베긴스는 마법사와 난쟁이 무리의 예상치 못한 방문을 받고 뜻밖의 여행을 떠나게 되어 생각지도 못한 엘프의 세계, 신비한 반지, 무서운 용을 만나는 여정에 참여하게 된다.

물론 판타지 속 이야기이지만 가끔 이런 비슷한 상황을 종종 듣게 된다. 최근에 청소년들의 불법 도박이 뉴스를 장식한 적이 몇 번 있다. 사실 매일 청소년들을 만나는 우리들에겐 새로울 수 없는 주제인데, 일반 어른들에게는 너무 놀라운 이야기였던 것 같다. 대부분의 어른들은 아이들이 어떻게 저런 일을 할 수 있을까? 신기하게 생각한다.

초등학교 5학년 아이들이 불법 도박을 했다. 사연은 들어 보니 동네 형들이 너희들은 촉법이어서 걸려도 괜찮다고 하면서 시켰다고 한다. 한 불법 도박 사이트에서 한 명을 가입시키면 게임 판돈 1만 원을 주는 이벤트 때문이었다고 한다. 처음 가입하면 초심자의 행운 때문인지 연속으로 돈을 따게 된다. 사실은 게임 업체에서 조작해서 처음 가입한 아이디에 승률을 높였기 때문이다. 이렇게 한번 맛을 본 아이는 헤어 나올 수 없는 불법 도박의 늪에 빠지게 되었다. 처음에는 달콤했지만, 아이는 가지고 있던 돈도 다 잃게 된다. 원상 복구를 해야 한다는 생각에 자기가 가지고 있던 게임기와 집에서 안 들킬 만한 물건을 중고 사이트에서 팔다가 그것으로 부족해서 중고 사기 거래까지 벌이게 된다. 이게 다 동네 형한테 들었던 이야기대로 하다가 만나게 된 결과이다. 이렇게 시작한 불법 도박은 스스로 끊을 수 없는 상태까지 이르게 된다. 때로는 이런 아이들은 돈놀이를 하는 형에게 돈을 빌렸다가 금품 갈취나 폭행을 당하기도 하고 협박에 몰려 반 털이, 절도, 성매매 알선까지 흘러 들어가게 된 경우도 있다.

고등학교 1학년 학생이 금품 갈취로 특별교육을 받은 아이가 있었다. 특별교육에 와서 개인 상담을 하며 왜 금품 갈취를 하게 되었는지 물어보니 불법 도박을 하다가 잃은 돈을 되찾기 위해 돈이 필요해서 다른 친구의 돈을 빼앗은 것이었다. 내용이 심상치 않아 자세히 물어보게 되었다. 아이는 여러 개의 사이트를 통해 불법 도박을 하고 있었는데, 마찬가지로 처음에 조금 큰돈을 땄던 경험이 있었다. 그래서 계속 딸 수 있을 것이라고 착각하게 되고, 다음번에는 돈을 따게 될 거라는 확신을 가지고 아르바이트도 하고, 옷과 신발까지 팔아 도박 자금을 만들었다고 한다. 그렇게 해도 잃는 돈이 따는 돈이 많았고, 결국 금품 갈취까지 가게 된 것이다. 이 아이는 심각하게 현실 인식이 안 되고 중독 증상이 심해서 부모님께 연락을 해서 개인 상담을 진행하게 되었다. 상담을 통해 깊이 들어가 보니 아버지로 인한 가정 폭력이 있는 가정이었다. 집이 불안하니까 아이는 집 밖으로 돌기 시작하게 되고, 게임, 친구 관계, 흡연으로 부족한 애착을 찾다가 결국 도박 중독까지 가게 된 것이다. 어떠한 계기로 부모님은 더 이상 부부싸움을 하지 않게 되고 관계가 회복되어 아이에게 관심을 갖기 시작했지만, 이미 상처를 입은 아이는 여러 가지 불법 행위에 연루된 상태였던 것이다. 아이에게는 부모에 대한 불신이 생겼고, '본인들이나 잘 챙기지 왜 나한테 관심을 갖냐?'는 반항적인 태도가 자리 잡혀 있었다. 아이는 상담 중 '어떻게 집을 이렇게 만들어 놓고 이제 와서 나한테 잘하냐고 할 수 있느냐?'라며 분노했다. 아이는 너무 멀리 와 있었다. 통장 입출금을 확인해 보니 1년 동안 5,000만 원이 넘는 돈이 찍혀 있었다. 불법 도박 사이트 한곳이 경찰 조사를 받게 되어 해당 사이트를 가장 많이 이용한 고객에게 연락을 했는데, 이 아이에게도 연락이 왔다고 한다. "통장 내용을 제출해 달라고 해서 제출했는데 저 처벌받는 건가요?"라고 묻는다.

아이를 돕기 위해 여러 가지 고민 끝에 문제 분리 상담을 하게 되면서 아이의 도박 중독 증상은 많이 완화되었다.

청소년들의 중독은 도박만이 아니다. 담배, 관계, 인터넷, 폭력, 성 등 많은 영역에서 지금도 일어나고 있다. 안전한 집을 떠난 여정은 아무도 예상할 수 없는 방향으로 걷잡을 수 없이 쓸려 가는 것을 목격하게 된다. 문제는 이런 아이들을 결핍을 이용하는 것이 모두 어른들이라는 것이다. 불법 도박 사이트를 만들고 다단계처럼 게임 머니로 친구들을 끌어들이게 한다. 성 착취물을 찍어 올리고 공유하여 건강하지 않은 성문화를 청소년들에게 확산시키는 것도 어른들이다. 세상에는 청소년의 도파민을 이용해 돈을 빨아먹는 데 도가 튼 어른들이 많이 있는 것 같다.

청소년기는 핸들과 브레이크가 고장 난 자동차와 같이 위험 요소가 너무 많다. 이때 아이들의 즉흥성을 자극하고 무절제한 행동으로 이끌 수 있는 도파민을 이용해 자신의 주머니를 채우는 어른들이 너무나 많다. 하지만 이들보다 우선 책임은 부모에게 있다. 반대로 이런 아이들이 제자리를 찾게 할 수 있는 것도 부모이다. 부모의 의식이 바뀌고, 아이를 바라보는 시선이 바뀌고, 아이들을 대하는 태도가 바뀌면 아이들은 제자리로 돌아온다. 즉, 부부가 건강해야 아이들이 건강하게 자라 건강한 어른이 될 수 있다.

바로 이 영역을 위해 하나님이 나를 이 자리로 보내신 것이다. 아이들이 찾아 헤매는 건강한 어른의 예시를 아이들에게 보여 주기 위해서라도 나는 매일 기도를 멈출 수가 없다. 내 의지로 건강한 어른으로 연기를 할 수도 있지만, 아이들은 금방 가짜인 것을 눈치챈다. 우리를 방문하는 아이들이 새로운 기회를 만나고 다시 회복되는 과정을 돕기 위해 나는 오늘도 이 자리에 버티고 있다. 이제 나이가 들어 이 사명이 너무 힘들고 다 그만두고 싶을 때도 있다. 하지만 매일 자녀가 뜻밖의 여정을 떠났다 돌아올 여지가 있는 가정을 보게 되면 여지없이 가슴이 뛴다. 아이들이 변하여 하나님이 주신 잠재 능력을 잘 발휘하여 후회하지 않는 인생을 살 수 있도록 도울 수 있을까? 늘 고민하게 된다. 이런 고민들로 성교육, 금연 교육, 학교폭력, 심리 상담 등 필요한 많은 분야에서 전문가가 되고 있다. 그동안 왔던 수많은 아이들이 우리의 스승이다.

수원에서 나의 별명은 '청소년의 대모'였다. 아이들이 어떤 문제를 가지고 와도 모두 해결할 수 있는 길을 찾아 주고, 어떤 고민을 가지고 와도 해결할 수 있도록 이끌어 가고, 학교마다 찾아다니며 아이들을 만나 도전하고 세워 가는 존재였다. 하지만 이제는 이곳에 앉아 찾아오는 아이들을 기다린다. 만나는 아이들의 마음에 귀를 기울이고 자존감이 떨어져 있는 친구들에게 위로를 전하고 "괜찮아. 아직 늦지 않았어. 다시 시작하면 돼. 너는 할 수 있어."라고 아이들을 격려하고 공감과 지지를 보내는 자리에 서 있다. 예전에는 신나게 하나님 나라를 위해 아이들과 달렸다면, 이제는 마음이 아프고 힘든 아이를 위로하는 역할이다. 때로는 피해자로, 때로는 가해자로 찾아오는 아이들을 똑같은 마음으로 맞이한다. 누군가는 나에게 피해자가 있는데 어떻게 가해자를 도울 수 있냐고 묻기도 한다. 하지만 나는 확신한다. 가해자인 이들도 원치 않는 여정을 떠났지만 이들에게 관심을 가지고 이들의 상처에 귀 기울인다면 이들은 얼마든지 새롭게 시작할 가능성을 가진 존재임을…. 나는 아마 힘 닿는 데까지 이 자리에 서 있을 것이다.

아이의 방황에 고통 가운데 괴로워하고 있는 부모님들이 혹시 이 글을 읽고 계시다면 나는 그분들께 이렇게 말씀드리고 싶다. 힘들어도 절대 포기하면 안 된다고…. 아이들의 가능성을 믿고 아이들을 품어 주고 기다려 달라고….

많은 아이들이 우리 '아름다운사람들'을 좋아한다. 교칙을 칼같이 지켜서 까다롭긴 하지만 그래도 자신들의 이야기를 들어 주고, 관심 가져 주고, 친절하게 대해 주는 선생님들도 좋아한다. 월요일 처음 등원했을 때와 금요일 모든 과정을 이수하고 돌아가는 아이들의 모습은 정말 다르다. 누군가 자신을 지지하고 격려하는 것만으로 아이들은 변화할 수 있다는 것이다. 아이들의 주변에 좋은 건강한 어른이 많아졌으면 좋겠다.

2부

기회가 필요한 아이들

아침부터 전화벨이 울린다.

"여보세요."

"우리 아이가 오늘 법원 판결을 받았는데요. 어떻게 하면 되나요?"

"네, 수강명령 신고서 가지고 내방해 주시면 됩니다."

소년 재판이 있는 날에는 어김없이 전화가 온다.

우리는 '오늘 재판이 있었나 보네.'라고 생각하며 최대한 친절하게 안내한다.

그리고 교육 신청 접수를 받고 "교육 일정이 잡히면 날짜 안내해 드리겠습니다. 안내해 드린 날짜에 따라 수강명령을 받으러 오시면 됩니다."라고 안내한다.

때에 따라 '언제 하느냐?', '어떻게 진행되냐?', '꼭 방학 때 받을 수 없냐?', '부모 교육은 주말에 받을 수 없냐?' 등등의 질문을 수

없이 쏟아 내는 부모님들도 계시고, "저 지금 죽고 싶을 만큼 힘들어요." 하며 흐느끼는 부모님들도 계신다.

앞에서 언급한 것처럼 우리 기관은 성범죄 청소년 수강명령 기관이기 때문에 성범죄를 저지른 아이를 받아들이기 힘들다는 어머니의 마음이 조금은 이해가 된다. 마음 같아서는 붙잡고 이야기도 들어 주고 위로와 격려를 드리고 싶지만, 일정상 그럴 수 없어 아쉬울 따름이다.

수강명령 부모 교육을 진행하다 보면 아버님들과 어머님들이 참 다르다. 아버님들은 담대한 것인지, 표현하지 않는 것인지, 어떤 생각을 하고 있는지 파악이 안 될 때가 많다. 반면 어머님들은 마치 자기가 죄를 지은 것처럼 미안하고 죄스러운 감정을 온몸으로 드러내는 분들이 많다.

실제로 오래 청소년 성범죄 교육을 진행하고 있지만, 아직도 나는 판결문에 적힌 아이들의 범죄 사실을 보면 때로는 믿기지 않고 때로는 분노에 휩싸이기도 한다. 그리고 직접 아이들의 얼굴을 보면 "네가 진짜 그런 행동을 했단 말이야?"라고 묻고 싶어진다. 심리 상담사의 관점에서 아이들을 바라보면 '결핍 또는 과잉'에 초점이 맞추어진다. 양육 단계에서부터 잘못 끼워진 단추는 청소년기에 이르러 이런 결과까지 도달한 것이다. 하지만 대부분의 부모님들은 아이의 사건을 원인부터 볼 생각을 하지 않는다.

"우리 때는 이런 일이 많지 않았는데 요즘 애들은 왜 그럴까요?"

때로는 아이들의 잘못을 직시하지 않고 아이들의 편을 들어 피해자 측을 원망하기도 한다.

"남자아이가 크면서 그럴 수도 있지. 그런 걸 가지고 법적인 처벌까지 받게 해야 합니까?"

이런 부모님들의 태도를 보면 막막해질 수밖에 없다.

반대로 어머님들 중에는 자신의 아들이 성범죄를 저질렀다는 것에 심리적 충격을 크게 받는 분들도 계신다.

"이제 아이를 예전처럼 볼 자신이 없어요. 이제 어떻게 해야 할기 모르겠어요."

어린 나이에 순간의 잘못된 선택으로 어머니에게도 받아들여지지 못하는 아이들을 보고 있으면 너무 안쓰럽고 마음이 아프다. 그래서 우리의 교육의 첫 번째 목표가 가해자인 아이들의 재범을 막는 것이고, 두 번째 목표는 아이들이 범죄를 뉘우친 후 건강한 어른으로 성장할 수 있도록 돕는 것이다. 우리가 할 수 있는 것은 부모님들이 그동안의 자녀 교육에 대해 진지하게 피드백을 해 보고, 조금 더 나은 교육이 가정에서 이루어질 수 있는 기회를 제공하는 것이다.

대부분의 성범죄는 성 인지 왜곡에 바탕을 두고 있으며, 그 성 인지 왜곡의 큰 축은 가정에서 비롯되는 경우가 많다. 사례 연구를 통해 아이들의 성범죄를 분석하고 부모 교육을 통해 부모님들을 만나 보면 때로는 그 가정에 성범죄의 뿌리가 있는 경우를 종종 발견하게 된다. 어떤 부모님은 강의 내용의 대부분을 튕겨 내는 경우도 있었다. 성 인지 감수성과 남녀평등에 대해 이야기하며 아이들을 앞으로 이런 관점에서 키워야 한다는 것을 강조하는 내용인데, 기본적인 남녀평등의 개념조차 받아들이지 못하거나 성 인지 감수성이 너무 낮아서 아이들에게 기본적인 모범조차 되지 못하는 경우이다. 이렇게 극단적인 경우가 아니더라도 피해자를 오히려 악마화하고 아이의 행동에 정당성을 부여하는 경우도 많다. 물론 정말 억울하게 가해자로 몰린 경우도 있을 수 있다. 하지만 어떤 부모님들은 본인의 자녀의 범죄를 받아들이지 못하고 일어난 상황의 책임을 피해자에게 돌린다.

합리적으로 생각해 보자. 미성년자 때 성범죄를 저지른 것을 소년법으로 판결을 받을 경우, 일반 범죄보다 매우 가벼운 처벌을 받는다. 건강한 어른이라면 이런 기회에 우리 아이가 건강한 성인식이나 높은 성 인지 감수성을 가질 수 있도록 점검하고 재교육하는 것이 당연할 것이다.

최근 시대의 흐름을 살펴보면 매우 높은 성 인지 감수성과 높은 도덕성을 요구한다. 아무리 공부를 잘하고 좋은 회사를 다니고 연봉이 높거나 사회적 성공을 했다 하더라도 그 사람이 성 인지 감수성이 낮은 발언이나 행동을 하게 된다면 사회적으로 큰 타격을 받게 되는 것을 우리는 자주 보게 된다. 이런 흐름은 우리 아이들이 성인이 되어 사회에 진출하게 되는 10~15년 후에는 더 커질 것이라는 것은 쉽게 예측이 된다. 그렇다면 성인이 되기 전에 이런 교육을 자녀들이 받게 하는 것은 매우 합리적인 선택이다. 그런데 아이들이 아무리 좋은 교육을 받았다 하더라도 실제와 다르다고 느낀다면 그 교육은 거의 효과가 없을 것이다. 결국 집 안에서 부모님들이 나누는 대화와 평소의 태도와 어투 등을 통해 아이들은 성 가치관이 형성되는데, 한두 번의 교육으로 변화를 일으키긴 쉽지 않다. 하지만 부모님들이 진지하게 그동안의 교육이 잘못되었음을 혹은 부족한 부분이 있었다는 것을 인정하고 노력하는 모습을 보이면 아이들에겐 금방 변화가 일어난다. 하지만 많은 부모님들은 그저 아이들의 잘못을 지적하고 화를 내거나 혹은 그 잘못이 본인의 책임이 아닌 것처럼 얼버무리려고 한다. 아이가 잘못된 행동을 했을 경우 면밀히 분석하고 다시 재발하지 않도록 원인을 제거해야 할 것이다. 아이가 잘못이 있다면 부모의 뒤에 숨거나 피해자를 모함하기보다는 내려진 처벌을 받고 반성하고 다시는 잘못된 일을 저지르지 않도록 하는 것이 부모의 역할이 아닐까?

부모의 역할은 완벽한 모습을 보여 주는 데 있는 게 아닐 것이다. 동일한 인간으로 실수하고 잘못할 때도 있지만, 그것을 어떻게 책임지고 재발 방지를 할지를 고민하고 때로는 흔들리면서 하나하나 헤쳐 나가는 모습을 아이들에게 보여 주어야 하지 않을까? 지금은 당장 힘들어도 그런 부모의 모습을 보고 성장한 아이들은 인생을 헤쳐 나가는 힘과 지혜를 얻을 수 있을 것이라고 생각한다.

언젠가 "꽃길만 걷자."라는 말이 유행을 했던 기억이 있다. 하지만 우리는 안다. 아무리 사랑하는 우리 아이라도 꽃길만 걸을 수 없음을…. 아이를 완벽하게 보호하고 인도할 수 없다면 차라리 건강하게 어려움을 극복할 수 있는 방법을 가르치는 것이 더 현명한 방법일 것이라고 확신한다.

또 하나, 세계적인 신경과학자 프랜시스 젠슨은 에이미 엘리스 넛과의 공저에서 그녀는 청소년들의 뇌는 어른들에 비해 뇌 영역 간의 연결이 아직 느슨하기 때문에 통합적 작용이 미숙하며, 잠재적인 위험 상황에 대해 인지적 통제를 행사하기가 더 어려운데, 이마 옆쪽 뇌 영역 네트워크에 접근하는 능력이 부족하기 때문이며, 금지된 일의 유혹을 참는 데 훨씬 더 많은 노력이 필요하다고 설명한다. 또한 청소년기의 특징인 급격한 감정의 변화, 우울, 반항적 행동, 극심한 분노, 공격성 등은 까다롭고 예상하지 못한 행동 등으로 표출될 수 있다.

또 최근 연구들에 따르면 최초로 정신의학적 장애의 전조 증상이 처음 나타나는 시기가 바로 청소년기이며, 청소년 품행 장애나 반항 장애도 성 인지의 정신의학적 장애의 전조 증상으로 나타날 수 있다.

즉, 청소년기의 특징이라고 가볍게 넘어갈 수 있는 증상들이 궁극적으로 정신의학적 장애의 전조 증상일 수 있다는 것을 명심해야 한다는 사실이다. 청소년기는 다양한 문제들이 일어날 수 있는 시기임은 분명하지만, 때로는 면밀하게 살피고 혹은 전문가의 도움이 필요할 수도 있다는 사실을 꼭 기억하길 바란다.

피해자들의 이야기

오늘도 "저희 아이 좀 도와주세요."라는 엄마의 울먹이는 전화가 걸려 왔다.

"어떻게 해야 할까요? 어쩌면 좋아요?"라는 소리가 전화기 밖으로 빠져나온다.

성범죄 피해자 부모님의 통곡 소리였다. '어떻게 재판 결과가 이러냐, 말이 안 된다, 죽여 버리고 싶다'고 소리친다.

"내 딸 인생은 어쩌라는 겁니까?"

우리가 할 수 있는 것은 함께 분노하고, 함께 슬퍼하고, 이 가족의 트라우마가 더 깊어지지 않도록 돕는 것이다.

건강한 어른은 어디에 있나요?

우리 상담센터를 찾아오는 수많은 사람들은 각자 다 다른 사연을 가지고 찾아온다.

학교 폭력으로 학폭위(학교폭력대책심의위원회)가 열렸는데, 왜인지 전학 조치가 떨어지지 않고 학급 교체만 떨어진 것이다.

'버스에서 만나면 어떻게 하지? 학교 복도에서 만나면?' 아이의 두려움은 말로 할 수 없었다. 결국 교장 선생님과 위기 담당 선생님과 만나서 피해 아이가 전학 가도록 도울 수밖에 없었다. 왜 피해자가 전학을 가야 하며, 왜 피해자가 두려움에 떨고 피해 다녀야 하냐는 질문이 본능적으로 들었지만, 중요한 건 피해 아이가 예전의 삶으로 빨리 회복될 수 있도록 조치하는 것이기에 어쩔 수 없는 선택이었다. 얼마 후 해당 가해 아이는 성범죄 사안으로 수강명령 교육을 받기 위해 방문했다.

한번은 불법 촬영 및 유포로 다양한 보호처분을 받은 아이가 수강명령 교육에 왔다. 범죄 정황에 대해 물으니 여친과 성관계를 몰래 영상을 찍었는데, 친구들과 만나 놀다가 친구들이 휴대폰을 보고 몰래 자기 폰으로 전송해서 유포했다는 것이었다. 친구들에 대해 물으니 물론 직접 영상을 유포한 친구들도 처벌을 받았다고 한다. 그래서 자기는 억울하다는 것이었다. 물론 전체에 대한 책임이 없을 수는 있지만 자신도 여자 친구 몰래 동의를 구하지 않고 영상을 찍은 책임이 있음에도 억울함을 토로하는 아이에게 "네 여자 친구는 어떨 것 같니?"라고 물었다. 자신을 믿고 사랑한다고 생각하고 있던 여자 친구의 상황에서 생각해 보도록 하는 질문이었다. 그제서야 얼굴이 빨개지며 아무 말도 하지 못하고 고개를 숙였다.

성범죄 피해자의 트라우마는 얼마나 많은 시간이 흘러야 치료가 될까? 많은 연구들이 존재하지만 아마 평생 그 아픔을 잊지 못할 것이며, 그 상처는 인간관계에서든 또는 정서에서든 분명히 삶에 영향을 끼치게 될 것이다.

부모 수강명령 교육을 할 때 나는 이렇게 강변한다.

"여기 계신 분들 중 아직도 우리 아들이 그랬을 일 없다고, 뭔가 오해가 있었다고, 또는 꽃뱀에게 당했다고 이 사건을 받아들이지 못하는 분이 계실 수도 있습니다. 하지만 저는 분명하게 여러분들에게 말씀드립니다. 여기 계신 부모님들이 피해자에 대해 먼저 미안한 마음을 가지고 그것을 아이들에게 표현하는 것이 정말 중요합니다. 부모님들이 자신에게 피해를 입은 대상을 비하하고 피해자가 뭔가 잘못한 것처럼 말씀하신다면 저희가 일주일 동안 애써서 하는 교육은 아무 소용이 없을 것입니다. 부모님들, 명심해 주십시오. 여기서 교육을 받는다는 것은 국가가 여러분들을 믿고 여러분들의 자녀들에게 한 번 더 기회를 준 것입니다. 만약 또 비슷한 잘못을 아이들이 저지른다면 절대로 처벌이 여기서 끝나지 않습니다. 아이들이 자신의 잘못된 행동을 뉘우치기 위해 가장 먼저 해야 하는 것은 피해자의 고통입니다. 그 공감을 할 수 있도록 해 주실 수 있는 분들은 바로 부모님들이십니다. 재판을 받고 보호 처분의 과정을 견디는 아이들이 안쓰러우실 수는 있습니다. 하지만 더 중요한 것은 아이들이 다시는 비슷한 일을 하지 않도록 지도해야 하는 것입니다. 자리를 바꿔 피해자가 여러분들의 딸이라고 생각해 보십시오. 그렇다면 어느 누가 피해자에게 꽃뱀이라느니, 네가 먼저 꼬리를 쳤다느니 하는 말을 할 수 있을까요? 원하지 않게 자신의 나체 사진이 친구들 휴대폰에 전송이 되고 히히덕거리는 눈빛으로 자신의 몸이 훑어지는 고통에 대해 우리는 뭐라고 해야 하나요? 그 고통과 괴로움 그리고 분노가 겨우 일주일짜리 교육과 6개월의 보호 관찰, 몇 시간의 봉사 시간으로 씻겨질 수 있을까요? 부모님들 부디 부탁드립니다. 부모님들이라도 피해자들에게 미안한 마음을 가지고 그 가족에게 잊기 어려운 고통을 준 것에 대해 반성하시면 좋겠습니다. 진심으로 부모님들의 마음이 드러날 때 우리 아이들도 피해자에 대한 진심 어린 반성을 할 수 있을 겁니다. 그리고 그래야 우리 아이들이 다시는 이런 잘못된 일에 연루되지 않을 것이라고 생각합니다."

건강한 어른은 어디에 있나요? _____

미혼모 아이들의 이야기

어느 날 밤 11시 30분, 낯선 번호로 전화가 울린다.

"여보세요."

"샘, 샘, 저 좀 도와주세요."

다급한 목소리다. "도와주세요."라는 말만 반복한다.

"왜, 무슨 일이니?"

"아파요. 아기가 나오려나 봐요. 어떻게 해요?"

어디냐고 묻고 바로 차를 몰고 달렸다. 아이가 가르쳐 준 주소에 도착해 보니 좁은 방에 남자아이들 4명, 여자아이들 3명이 같이 있었다. 아이는 양수가 터졌는지 변기에 앉아 있었다. 급하게 아이를 태우고 부랴부랴 수원의 한 산부인과로 달렸다. 미리 전화를 한 상태다. 아이가 아프다고 소리 낼 때마다 내 마음은 더욱 조급해진다.

병원에 도착하자마자 간단한 예진 후 바로 분만실로 데려간다.

잠시 후, 아기 울음소리가 들린다.

예쁜 딸아이였다. "수고했어. 축하한다." 하고 격려를 하고 아이를 병실로 올려 보냈다. 긴장이 풀리니 너무 피곤해진 나머지 나도 모르게 벽에 기대어 잠이 들었다.

아침에 일어나 아이와 이런저런 이야기를 나누었다. 아이는 부모님의 싸움과 이혼으로 가출해서 가출팸에 들어가서 결국 이사단이 난 것이다.

"선생님, 저 사실 작년에도 아이 낳아서 입양시켰어요."
"아, 그랬구나."
아무렇지도 않게 아이에게 대답했지만, 나는 순간 너무 놀랐다. 간신히 다시 평정을 찾고 아이에게 물었다.

"너는 앞으로 어떻게 하고 싶니?"
그러자 아이는 "잘 모르겠어요…." 하며 눈을 감는다.
"아기 아빠는 누군지 아니?"
"아니요. 몰라요…."

마음이 아프다. 어떻게 해야 할까? 대화를 마친 후 고민이 깊어졌다. 마음으로 이해가 안 되어 하나님께 기도한다.

"하나님 어떻게 이 아이에게 도움을 줘야 할까요? 지혜가 필요합니다."

하나님께서 기도를 들어 주셨는지 몇몇 분들의 이름이 떠올랐다. 욕심 같아서는 자립할 수 있도록 돕고 싶었다.

작년에 아기를 입양시키고 죄책감 속에 살다가 결국 자포자기하고 살다가 똑같은 일이 반복된 것이다. 다시 이런 일이 반복되지 않기 위해 건강하게 일어설 수 있도록 도와야 했다. 떠오르는 분들에게 전화를 드렸다.

전후 사정을 이야기하니 흔쾌히 도움을 주시겠다고 하신다. 일단 병원비가 마련되었다. 또 출산 용품을 살 수 있는 돈을 마련하기 위해 전화를 했고, 도움을 받을 수 있었다. 나는 제일 좋은 곳에 가서 아기 출산 용품을 사서 아이에게 다시 갔다. 아이의 의중을 물었다.

"아기를 직접 키울 수 있겠니?"

아이는 흐느끼며 "그러고 싶어요. 더 이상 이렇게 살고 싶지 않아요." 하고 말했다. 아이의 응답을 들으니 가만히 있을 수 없었다. 일단 출산 후 3개월 동안 있을 곳을 알아봐 주고, 본인의 희망대로 아이를 양육할 수 있도록 팔방으로 알아보기 시작했다. 또 기도하며 후원자를 구했다. 많은 분들이 엄마의 마음으로 작은 방을 하나 얻을 수 있도록 마음을 모아 주시고, 매달 생활비를 지원해 주시고, 아르바이트를 할 수 있는 자리도 구할 수 있도록 도움의 손길을 보내 주셨다.

아이는 나에게 아이의 이름을 지어 달라고 부탁했다.

'주아'. 주님이 아버지라는 뜻이다. 아빠도 모르는 아이로 엄마의 성을 쓰고 있지만, 하나님이 아버지 되시는 귀한 존재로 아름답게 성장하고 있다. 아이와 아기는 지금 열심히 아주 잘 살아 내고 있다.

그렇게 살아 주니 얼마나 고마운지…. 이렇게 귀한 생명이 살 수 있도록 돕는 귀한 분들이 계신 것이 얼마나 감사한 일인지…. 끝까지 행복하기를 지금도 기도한다. 지금도 분투하고 있는 이런 아이들이 많이 있고, 지금도 이 아이들을 후원하고 계시는 분들이 많다.

나는 아이들이 자립하여 늪 같은 현실을 뚫고 일어나기를 소망한다. 자립을 해야 악몽 같은 현실에서 벗어날 수 있다. 공부하고 싶으면 공부할 수 있도록, 일하고 싶으면 일할 수 있도록 또 엄마

역할을 잘 할 수 있도록 더 많은 도움의 손길도 절실하다.

요즘 방송에서는 〈고딩엄빠〉라는 프로그램을 한다. 그렇게 용기 있게 방송에 나오는 아이들은 그나마 다행이다. 그러나 이런 아이들 대부분은 사회적 관심을 피해 존재한다. 알려지는 것을 원치 않기 때문이다. 아이들 스스로 자신의 상황을 바꿀 수 없다고 자포자기하는 아이들이 많다. 이 아이들을 바꿀 수 있는 상황, 동기가 필요하다.

며칠 전에도 전화가 한 통 걸려 왔다.

"선생님, 우리 아이가 자기 영상이 돌아다닌다고 울고불고 난리가 났어요. 어떻게 해야 하나요?"

다급하고 간절한 목소리가 들린다. 사연을 들어 보니 남자 친구가 성관계를 할 때 몰래 촬영한 영상인 듯한데, 다른 아이가 우연히 영상을 봤고, 소문이 나서 딸의 귀에도 들어온 것이다. 이젠 학교 못 다닌다고, 죽고 싶다고 울고불고 난리인 것 같았다.

일단 법적인 절차를 할 수 있도록 경찰과 연결해 주고 전학 수속과 상담으로 트라우마를 할 수 있도록 안내해 주었다. 잘 해결되길 기도할 뿐이다.

이런 경우도 있었다.

"아이가 가출하더니 임신해서 돌아왔어요…."

심려 가득한 목소리의 전화였다. 아이는 중학생인데 만나 보니 벌써 임신 8개월이 넘어섰다. 아이는 아기 아빠도 모르고, 언제 임신했는지도 모르고, 배가 불러 오니 겁이 나고 무서워 집으로 다시 들어왔다고 한다. 얼마나 힘들었을까? 얼마나 걱정이 됐을까? 아버지는 알코올 중독으로 매일 가정 폭력이 난무하고, 엄마는 생계를 위해 자녀들을 챙길 여유조차 없는 환경 속에서 아이는 집에 있기보다 밖이 더 좋아서 친구들과 또래 아이들과 어울려 집단을 이루고 생계를 위해 다양한 노력을 할 수밖에 없었다.

얼마나 안쓰러운가? 얼마나 집이 무서웠으면 위험을 감수하고 가출할 수밖에 없었을까? 보호를 받아야 할 시기에 보호를 받지 못하고 오히려 보호자가 된 것이다.

얼마 후 아들을 출산했다고 연락이 와서 찾아갔다. 어린아이가 아기를 출산한 모습을 보고 나도 모르게 눈물이 와락 터져 나왔다. 결국 부모님들과 아기를 입양 보내는 것으로 결정을 하고 집으로 돌아올 수밖에 없었다. 지금의 가정보다 차라리 입양을 선택할 수밖에 없는 상황에 너무 가슴이 무거웠다. 다시 연락해서 아이와 부모 모두 상담을 강권하여 상담을 진행했다. 원가족, 부모가 변해야 뭔가 희망의 가능성이 만들어질 수 있기 때문이다. 우리의 몸부림이 작은 변화라도 만들어 가기를 날마다 기도하고 소망한다.

애착 손상

왜 청소년 아이들에게 이런 일들이 생기는 것일까? 공부 잘하고 착하게 살아도 살기 힘든 세상에서 왜 이런 사건 사고들에 연루되는 아이들이 이렇게 많을까? 많은 심리학자들이 공통적으로 중요 원인으로 뽑는 것이 바로 '애착 손상'이다.

양쪽 부모 모두 맞벌이를 강요받는 시대다. 요즘 시대에 엄마들도 경력단절이 길어지면 다시 복귀하기가 어려워지기 때문에 출산 이후 아이를 어린이집에 맡길 수밖에 없다. 퇴근 후에도 가사노동과 육아를 병행하다 보면 아이에게 감정적으로 집중하기가 어렵다. 엄마는 1인 다역을 수행해야 하고, 알파걸이 될 수밖에 없다. 하지만 누구나 에너지에는 한계가 있기 마련이다. 체력이 달리고 에너지가 고갈되면 남편과의 관계도 틀어지게 된다. 부부 싸움이 잦아지고 아이는 불안 속에서 양육될 수밖에 없다. 부부가 서로 상호 작용이 안 되면 자녀는 애착 손상을 겪을 확률이 높아진다. 아이에게 애착이란 생존에 가장 중요한 과제이기 때문에 양육자로부터 애착 욕구가 좌절되면 신경계에 큰 흔적을 남기고, 양육자와의 관계를 왜곡시킨다.

애착 손상은 잠깐의 애착 욕구가 좌절되었다고 생기는 것은 아니다. 아이가 양육자로부터 발달 과정에 따라 누려야 할 신체적·정서적 돌봄을 받지 못하여 만성적으로 애착 욕구가 좌절된 상태를 의미한다. 애착 손상의 가장 대표적인 양상은 관계에 너무 집착하거나 반대로 관계를 회피하는 방식으로 드러난다. 문제는 아이에게 양육자의 관계는 대인 관계의 기본 모델로 자리 잡게 되는데, 이 기본 관계가 왜곡되면 성인이 되어서도 모든 관계에서 이를 반복하는 문제가 생긴다. 거기에 부모들 자체가 이미 원가족에서 애착 손상을 겪은 경우, 자녀에게 대물림되기가 더 쉽다. 상처 난 마음은 수치심, 죄책감, 무력감이라는 핵심 감정을 형성하게 되고, 이에 바탕을 둔 부정적 신념을 형성하게 된다. 특히 연애와 같이 친밀한 인간관계일수록 애착 손상의 영향이 더 두드러져 집착, 회피 등의 양상을 띠게 된다.

이런 아이들은 강한 방어 기제가 형성되어 자기 이상화를 선택하기도 한다. 이런 경우 본인이 큰 실수나 잘못을 하지 않아도 강한 수치심이 불쑥불쑥 엄습하는 '원초적 수치심'으로 자기 스스로를 학대하거나 반대로 자기 과시적으로 드러나기도 한다. 원초적 수치심은 애착 손상에서 비롯된 자기 부정의 감정으로 자기 스스로를 따뜻한 눈으로 보는 데 가장 강한 걸림돌이 된다. 애착 손상으로 인해 생긴 우울, 불안, 분노 등은 일평생 아이를 힘들게 하며 낮은 자존감으로 살아가게 한다.

이런 상황 속에서 자란 아이들이 청소년기에 이르면 행동으로 부작용들이 드러나게 되는데, 절제가 안 되고, 자유분방하고, 충동적이고, 즉흥적이면서 초합리성을 갖게 된다. 반면 너무 완벽하고 원칙주의적이며 예의범절을 준수하는 가정 속에서 자란 아이들은 자기표현을 할 수 없으므로 억압된 사고를 갖게 되고, 사이버 세상에서 자신의 마음을 표출하거나 욕구를 드러내게 된다. 그러므로 인터넷 중독이나 성범죄에 노출될 확률도 높아진다. 수강명령 교육을 받기 위해 오는 아이들을 관찰해 보면 권위적인 부모 밑에서 억압을 받으며 자란 아이들, 예의범절을 강요받으며 살아왔던 아이들, 겉으로 보기엔 얌전하고 방황이 무엇인지 알지 못할 것처럼 보이는 조용한 아이들이 성범죄에 연관되어 오는 경우가 많다. 이럴 경우 부모님들은 왜 우리 아이가 이런 일에 휘말리게 되었는지 이해를 할 수 없고, 친구를 잘못 만나서 그런 거라고 외부에서 원인을 찾든지, 사춘기니까 한순간의 방황일 거라고 억지 합리화를 하는 경우가 대부분이다.

이런 부모님들은 우리 아이는 부모의 말도 잘 듣고 착하고, 더할 나위 없이 좋은 아이였다고 강조하곤 한다. 호기심에 잠깐 혹한 건데 아이를 이렇게 법으로 다스리는 게 맞냐고 언성을 높이기도 한다. 이런 부모는 자신과 자신의 아이에게 문제가 없음을 강조하고 싶어 한다. 하지만 부모 교육 시간에 애착 손상에 대해 다루게 되면 많은 분들이 본인의 양육 태도나 과거 양육의 문제가 없었는지를 고민하게 되고, 자녀에게 미안한 마음과 죄책감을 느끼게 되기도 한다.

수없이 많은 임상을 통해 분명하게 드리고 싶은 말씀은 지금이라도 아이를 사랑해 주고, 기다려 주고, 받아들여 준다면 아이들은 변할 수 있다는 것이다. 정말 아이들은 놀라운 존재다. 부모가 진심으로 용서를 구하면 아이들은 마음을 열고 변화할 준비가 된다. 다시 시작하면 얼마든지 자신의 길을 찾고 도전할 용기로 채워진 아이들로 바뀌는 모습을 나는 현장에서 수없이 보아 왔다.

건강한 어른?

우리 기관 이메일은 늘 학교에서 특별교육을 요청하는 메일이 가득하다. 이런저런 잘못을 저질러서 본 기관으로 특별교육을 신청하는 것이다. 일 년에 수백 명의 아이들이 특별교육을 위해 센터를 방문한다. 너무 많은 아이들이 오고 너무 열심히 하다 보니 작년에는 화성 오산 지역 내 특별교육 기관 중에서 인원으로 2등을 했다고 한다. 축하할 일은 아니지만 참 열심히 했다는 생각은 든다. 일주일 교육을 마치고 신나서 돌아가는 아이들을 보면 참 뿌듯한 마음이 들기도 한다. 물론 교육 효과가 별로 없는 아이들도 있다. 오히려 함께 교육하는 아이들이 힘들어할 만큼 어려운 아이들도 많다. 특별교육 사안을 살펴보면 대부분 기본적인 규칙과 기준을 지키지 못해 발생한 것이다. 집에서라면 간단한 기준들을 어기는 것이 용납되겠지만, 학교는 그것을 용납할 수 없다.

수백 명의 아이들을 교육해야 하는 학교에서는 기준을 세우고 공평하게 모든 것을 처리해야 되기 때문이다. 또 다른 아이들의 보호도 신경 써야 하기 때문일 것이다. 그렇기에 매일매일 학교에서 전화가 끊이지 않는다. 특별교육을 담당하시는 선생님들은 아이들을 사랑하는 마음으로 이런 아이들을 잘 품어 주시기 때문에 아이들이 선생님들을 참 좋아한다. 중구난방에 예의도 없고 과격한 이런 아이들을 존중하고 잘 대해 주시는 선생님들께 나는 늘 감사한 마음이 있다. 그동안 내가 해 왔던 일들을 이어받아 잘 운영해 주시는 모습이 무척 자랑스럽다.

나는 2023년에 목사 안수를 받았다. 아이들과 함께 지지고 볶고 하다 보니 목사 안수를 받는 것이 늦어진 것이다. 나를 아는 분들은 그동안 왜 아직도 목사 안수를 받지 않았냐고 질타를 하는 분이 많았다. 그동안 바쁜 것도 있었지만, 내 마음속에는 '아이들을 섬기는 데 목사 타이틀은 별로 필요가 없는데…'라는 생각이 있었던 것 같다. 그런데 뒤늦게 필요함을 느끼고 목사로서 아이들을 더 잘 섬겨야겠다는 마음으로 안수를 받았다.

매일 아이들과 씨름으로 보낸 세월을 되돌아보면 그 시간들은 내 인생에 가장 소중한 시간이며, 무엇과도 바꿀 수 없는 시간임이 분명하다.

누군가는 왜 그렇게 청소년들에게 집중하냐고 묻기도 한다. 나는 그때마다 이렇게 대답을 한다.

"누군가는 해야 할 사역이라고…. 누군가는 해야만 하는 일이라고…. 어른을 대표해서 아이들에게 미안하다고 사과하는 누군가는 있어야 한다고…."

누가 나를 어른들의 대표로 선출해 준 것은 아니지만, 그래도 나는 아이들 앞에 어른들의 대표로 사과하는 마음으로 선다. 지금 아이들의 하는 행동은 모두 어른들의 잘못에서 비롯된 것이다. 아이들을 대상으로 성을 사고파는 사람, 미성년자의 성을 사기 위해 혈안이 된 사람들 모두가 어른이다. 아이들이 빠지기 쉽게 함정을 파는 것도 어른이다. 아이들이 이대로 성장하면, 어쩌면 아이들이 지금의 어른보다 더 심한 어른이 되는 것은 아닐까 걱정이 된다.

아이들은 건강한 어른을 만나길 고대한다. 아이들은 매우 높은 도덕적 기준을 가지고 있다. 사실 매우 이중적이기도 하다. 자신도 지키지 못하면서 높은 도덕적 잣대를 어른들에게 들이대고 마음대로 실망하는 존재이다. 그들은 멋대로 기대하고 실망한다. 그렇게 어른이 되어 간다고 할 수도 있지만, 누군가는 모델이 되어 아이들의 옆에 서 있다면 우리 아이들은 우리 세대보다 한 단계 나아질 수 있지 않을까? 그런 어른들이 많이 있다면 더 많은 청소년들이 좀 더 나은 그들의 세계를 만들어 낼 수 있을 것이라 기대하게 된다. 청소년들 접하는 많은 영역에서 건강한 어른들을 만날 수 있는 세상을 함께 만들어 가고 싶은 분이 있다면 언제든지 연락하시면 좋겠다. 작은 시내가 모여 큰 물을 이루듯 아이들이 건강하게 성장하는 데 보탬이 될 수 있는 좋은 네트워크를 함께 만들어 가고 싶다.

감사한 것

아이들이 우리 기관에 방문해 교육과 상담을 받고 변해 가는 모습을 보면 너무 감사하다. 다양한 아이들이 커피나 간식을 들고 찾아오기도 한다.

"'아름다운사람들' 아니었으면 저는 지금도 엉망으로 살았을 거예요. 빡세게 교육을 받을 때는 '왜 이렇게까지 하지? 짜증 나게. 학교에서도 이렇게 안 하는데…'라고 불평했었는데, 다시 생각해 보니 저에게는 특별교육을 하면서 많은 고민을 하고 생각이 바뀌는 시간이 되었던 것 같아요."

"잘돼서 찾아올 때는 맛동산을 사 가지고 오너라."라고 했던 말들을 기억했는지, 빈손으로 오는 녀석은 거의 없다. 아이들 나름 신경 써서 과자며, 빵, 커피 등을 가지고 뒷머리를 긁적이며 들어

오는 아이들이 너무 반갑다. 성범죄 피해자로 왔던 아이들도 트라우마 치료를 통해 많이 건강해져서 웃으며 미래와 진로를 의논하기 위해 찾아오기도 한다. 다른 기관과의 모임에서 찾아오는 아이들에게 이야기하니 타 기관 선생님들이 질문을 한다. "어떻게 하면 그렇게 다시 아이들이 찾아오나요?"

아마 나를 비롯해 우리 선생님들이 전심으로 아이들을 맞아 주고 섬겨 주기 때문이 아닐까? 사고 치고 밤늦게 연락이 와서 함께 수습하기 위해 출동하는 선생님들도 계신다.

아이들은 지지자가 없어서, 믿어 주는 사람들이 없어서, 외로워서, 아닌 줄 알면서 방황을 하기도 한다. 가정에서 조금만 더 관심을 받고 보살핌을 받았더라면, 조금이라도 공감을 받았더라면 아이들은 극단적인 선택을 하지 않았을 것이다. 그래서 우리가 때로는 부모 대신, 때로는 친구처럼 아이들의 지지자가 되어 주며 믿어 주는 역할을 이곳에서 하고 있다. 나는 앞으로도 하나님 앞에 서는 날까지 이 자리를 지키고 싶다. 이렇게 나이 먹은 할머니가(아이들이 볼 때) 아직도 청소년들을 만날 수 있는 현장에 있을 수 있는 것이 가장 감사하다.

문제의 근원

사춘기 시기의 청소년들에게 가장 중요한 것은 친구다. 청소년기의 특징인 충동성과 호기심, 즉흥성, 무절제, 자유분방 등 미성숙한 행동들을 하는 또래가 부담스럽지 않고 자신을 이해해 주는 존재이기 때문일 것이다. 사춘기에는 도파민 호르몬의 영향으로 아이들은 초합리성과 사회적 연대감이 강화되며, 단기적 보상 욕구를 추구하여 무모한 행동을 하기 쉽다.

이런 특징을 이해하지 못하는 엄마, 아빠는 혼을 내거나 잔소리를 할 수밖에 없지만, 친구들은 자신을 이해해 주는 가장 소중한 존재가 된다. 당연히 부모에게 적대적 태도를 보이게 된다. 이들에게는 옳고 그름이 중요하지 않다. 어른의 관점에서는 너무 어리석은 이야기나 행동을 아무렇지도 않게 함께 저지르고, 그 안에서 인정받고 싶어 한다. 과장된 행동으로 무모한 일들을 함께 친구들과 벌이다가 부모에게 하나둘씩 비밀이 생기게 된다.

건강한 어른은 어디에 있나요?

망아지처럼 날뛰며 특별교육 단골인 한 아이가 있었다. 이야기를 들어 보니 가정이 엉망이었다. 부모 모두 이단 종교에 빠져 있고, 아빠는 엄마가 외도를 한다고 의심하며 지속적인 가정 폭력을 행사하고, 매번 경찰이 출동하고 나서야 난리가 해결이 되었다. 그렇다 보니 엄마는 종교에 더 심취하게 되는 악순환이 계속되었다. 엄마는 이해할 수 없는 교리를 강요하니 아이는 밖으로 돌며 비슷한 친구들과 어울리며 엄마를 속이기 시작했다. 거짓말은 또 다른 거짓말로 연결되고 악순환이 반복되었기에 조심스럽게 부모님께 연락을 해서 심리치료를 좀 받는 것이 어떻겠냐고 연락을 했다. 다행히 어머니와 이야기가 잘 되어서 상담을 시작하게 되었다.

"늘 아빠는 엄마가 바람을 피웠다고 생각해요. 그래서 집이 지옥이에요. 조금만 화가 나면 저한테 물건을 던지기까지 해요. 아빠가 집에 있으면 들어가기 싫어요. 그래서 밤새 친구들과 싸돌아다녀요."

얼마나 힘들었을까? 아빠에 대한 분노가 너무 컸다. 아이는 아빠가 빨리 죽어 버렸으면 좋겠다고, 아니, 자기 손으로 아빠를 죽이고 싶을 때가 있다고 이야기했다. 아이는 집이 좀 조용했으면 좋겠다고 했다. 다행히 집이 경제적인 어려움은 없었지만 늘 집안의 분위기가 불안정하다 보니 집이 안식처가 되지 못했던 것이다. 두 부모의 신뢰 문제로 아이는 집에서 당연히 누려야 할 안정을 얻지 못하니 부모들의 면이 서지 않는다. 부모의 권위가 서지 않으니 아이에겐 부모의 말이 우습게 들릴 뿐이다. 하지만 부모는 자신의 신앙을 아이에게 강요하려고만 하니 아이는 어느 쪽에서도 위로와 안정을 느낄 수 없었다.

"샘, 저는 군대 갈 거예요. 아빠처럼 군대 안 가서 교도소에 들어가고 싶지 않아요. 군대 빨리 가려면 어떻게 해야 해요?"라고 묻는 아이의 마음이 참 안쓰럽게 느껴졌다. 몇 가지 검사를 해 보니 아이는 우울증이 오래전부터 진행되고 있었다. 나는 부모님들에게 연락을 해서 좀 보자고 이야기를 했다. 원인이 가정에 있는데, 아이만 상담을 받는다고 근본적인 해결이 되지 않기 때문이다. 다행히 부모님들께서 마음을 열어 주서서 온 가족이 상담을 받았고, 지금은 가정에서 작은 평화가 시작되었다. 아이의 상담 치료는 아직 계속되고 있다.

결국 아이의 문제의 대부분은 원가족의 문제, 부부의 문제인 경우 혹은 각각의 부모의 문제에서 비롯된다. 우리가 아무리 아이의 증상들과 문제들을 해결하기 위해 노력한다 하더라도 원인이 해결되지 않으면 상태가 호전되다가도 다시 처음으로 돌아가는 경우를 너무 많이 겪게 된다. 아이의 문제를 바라보고 지적하기 전에 부모가 먼저 자신을 돌아보는 건강한 어른이 되어야 하지 않을까?

피해자가 가해자가 되다

청소년 아이들은 작은 갈등으로도 격하게 흥분한다. 친구들과도 별것 아닌 일로 쉽게 싸우곤 한다. 또 왕따 피해자가 참지 못해 가해자에게 그만하라고 뻗은 손이 얼굴에 닿게 되어 학교 폭력 가해자가 되기도 한다.

피해자의 부모는 자신의 자녀가 먼저 괴롭힘을 당한 피해자라고 주장하고 왕따 사건의 가해자 부모는 자신의 아이가 맞았으니 피해자라고 주장한다. 피해자가 두 명이니 사건이 원만하게 해결될 리가 없다. 서로 자신의 아이들의 말만 듣고 서로 학폭위에 신고하여 부모들의 싸움으로 커진다. 결국 쌍방 폭력이 되어 둘 다 징계를 받게 되고, 특별교육에 오게 된다. 특별교육으로 마무리되면 그나마 다행이고, 부모의 자존심 싸움으로 번져 심한 경우 서로 민사 소송을 걸어 법정까지 가게 되는 경우도 종종 보게 된다.

이런 기나긴 여정을 겪게 되는 아이들은 어떤 감정을 느끼고 어떤 생각을 하게 될까? 피해자 아이는 내가 왜 가해자가 되어야 하는지 도대체 알 수 없다고 이야기한다. 억울하다는 것이다. 이런 아이들은 세상을 어떻게 바라보게 될까? 어른들을, 이 사회의 시스템을 어떤 관점으로 바라볼까? 피해자뿐 아니라 가해자 아이도 마찬가지다. 아마도 사회적 위축으로 자존감의 상실을 경험하기 쉽다. 사건이 처리되는 지난한 과정 동안 집에서, 학교에서 가족들과 친구들 그리고 선생님과의 관계도 전부 스트레스가 될 것이다.

이럴 때 부모는 정확히 사건의 상황을 바라보고 전체를 살피고 판단을 해야 하는데, 자녀의 문제이기에 대부분의 부모님들은 흥분하여 사건을 더 크게 만드는 경우를 많이 보게 된다.

요즘은 초등학교 아이들의 문제도 심각하다. 자기들끼리 혹은 동네 언니 오빠들과 어울려 쉽게 나쁜 길로 빠지게 되는 경우를 너무 많이 본다. 중고생 아이들이 촉법소년에 해당하는 나이인 초등학교 고학년이나 중학교 저학년 동생들을 담배를 훔치도록 사주하거나 심지어 성매매까지 강요하기도 한다.

이런 아이들의 부모님들은 "아이가 고작 초등학교 6학년인데 왜 이렇게 되었을까요?" 하며 절규한다. 아이는 동네 언니, 오빠들이 시키는 대로 했을 뿐이라고 이야기한다. 부모님들은 아이에게 나쁜 짓을 시킨 아이들을 고발했지만, 촉법소년인 아이들은 보호 처분을 받고 사건은 종결되었다. 물론 죄를 지었으면 그것에 응당한 벌을 받는 것이 당연할 것이다. 하지만 부모님들은 이 사건을 통해 문제의 본질을, 부모로써 자기 자신의 문제나 가정의 문제를 마주하기보다는 잘못된 원인을 외부로 돌리려는 것처럼 보인다. 애초에 아이들이 그 어린 나이에 집 밖을 헤매는 원인이 무엇인지, 아이들이 왜 그런 말도 안 되는 요구를 순순히 따랐는지 원인을 분석해야 하지 않을까? 이 사건을 통해 아이가 받았을 스트레스와 고민을 헤아리고 최대한 빨리 원상 복구 할 수 있는 전략을 고민해야 하지 않을까? 아이에게 가장 필요한 것이 무엇인지 냉정하게 판단하여 가장 좋은 결과를 가져올 수 있는 성숙한 부모의 모습이 절실하다.

건강한 어른은 어디에 있나요?

10대의 어떤 연애

아이들에겐 언제나 관심과 사랑이 필요하다. 학교에서는 선생님들과 친구들, 집에서는 부모님으로부터, 어디에 가든 관심과 사랑을 받고 싶어 한다. 하지만 현실적으로 어디에서 누구와 있든 관심과 사랑을 받는다는 것은 불가능하다. 어린 시절 필요한 애정이 충족되지 못한 아이들은 다른 곳에서 애정을 갈구한다. 어린 시절 만나 풋풋한 사랑을 나누는 것은 아름다운 한순간일 수 있지만, 문제는 미숙하고 결핍인 아이들 간의 사랑이 잘못된 전개로 흐를 위협이 있기 때문이다.

한 아이의 부모가 다급하게 전화가 왔다.

"어제 우리 아이가 남자 친구한테 맞아서 학교에 못 갔어요."

방문하여 이야기를 들어 봤다. 아이의 남자 친구는 평소에 아이의 환심을 사기 위해 많은 돈을 쓰고 평소에 '너는 너무 예쁘다., '너랑 있으면 정말 행복하다., '너 없으면 나는 못 살 것 같다.' 등등의 말을 하며 아이를 조종하고, 결국 성관계까지 요구했다고 한다. 아이가 싫다고 하니 폭력적인 말과 욕설을 서슴지 않았고 결국 물리적 폭력의 피해자까지 되고 만 것이다. 너무 무섭고 힘들어 헤어지자고 하니 집 앞까지 찾아오고, 한 번만 만나자고 집요하게 매달리고, 수없이 전화와 문자를 보내 거절하기 위해 만났다가 강제로 추행을 당하고 폭행을 당했다는 것이다.

우리의 일상에서 자주 들던 스토킹과 그루밍, 데이트 폭력이 아이들 사이에서도 일어나고 있는 것이다. 이런 상황인데도 아이는 남자 친구가 불쌍하다고, 아이는 괜찮은 아이라고 가해자를 옹호하고, 경찰에 신고하지 않았으면 좋겠다고 말했다. 전형적인 스톡홀름 신드롬이었다. 비이성적 애착 관계가 형성되어 자신의 피해와 가해를 명확하게 인식하는 데 어려움을 겪고 있었다. 나는 아이와 부모를 설득해서 경찰에 신고하도록 했다. 지금 가해자 아이의 재판이 진행되고 있다.

얼마 전에 왔던 고등학교 2학년 여학생이 떠오른다. 이미 인생을 다 산 사람처럼 될 대로 되라는 생각을 갖고 행동하는 모습이 매우 안쓰러워 보였다. 아이와 이야기를 나누다 보니 목에 피멍이 들어 있어서 가정 폭력이나 데이트 폭행이 아닐까 조심스럽게 물었다. "목은 왜 그렇게 되었니? 아프지 않니?"라고 묻자 별일 아니라는 듯 크게 웃으며 "남자 친구가 너무 빨아서 그래요."라며 아무 일 아니란 듯 대답을 했다. "미친놈이, 하지 말라고 해도 계속해서 자국까지 났어요. 보기 흉해요?"라며 웃는다. 남자 친구는 만날 때마다 관계를 요구한다고 한다. 자꾸 조르면 거절할 수가 없다고 한다. 남자 친구의 문제이기도 하지만, 이 아이의 문제이기도 했다. 성 인지도 없고, 정서적 바운더리가 없었다. 성 인지 교육이 필요하고, 자신이 얼마나 소중한지에 대해 가르쳐 주었다. 자신을 소중히 여길 수 있어야 다른 사람도 자신을 소중히 여길 수 있다는 것을 가르쳐 주었다. 아이는 "내가 소중한 존재라는 이야기, 샘한테 처음 들어 봐요."라고 말하며 눈물을 글썽였다. 여기 오는 대부분의 아이들이 그렇다. 부모에게 온전한 사랑을 경험하지 못한 아이들은 지금 자신이 받는 관심과 사랑에 목매고 그것을 잃을까 봐 전전긍긍한다. 애정의 대상에게 맞춰 주는 삶을 살게 된다. 자신의 인생을 사는 것이 아니라 타인의 인생을 통해 자신을 망가뜨리는 것을 감수하고 살게 된다.

또 특별교육으로 왔던 중학교 3학년 여자아이의 이야기도 떠오른다. 아이는 꽤 예쁜장하고 성격도 강해서 다른 아이들이 그 아이한테 꼼짝을 못하고 있었다. 쉬는 시간에 아이들끼리 잡담하는 걸 듣게 되었다. 들어 보니 여자아이의 남자 친구는 소위 이 동네 일짱이었다. 일짱의 여자 친구이니 아이들이 쉽게 대우하지 못했던 것이었다. 한 녀석이 아이의 남자 친구 이야기를 하며 그 형 성격이 너무 거칠고 와일드한데 어떻게 사귀냐고, 무섭지 않냐고 물었다. 아이는 아무렇지도 않게 손을 써 가며 이렇게 말했다.

"걔 별거 아니야. 빡돌든지, 삐치면 사까시 한번 해 주면 금방 풀려."

나는 너무 깜짝 놀라 내 귀를 의심했지만, 애써 못 들은 척할 수밖에 없었다. 나중에 많은 아이들과 이야기를 나눠 보니 요즘 아이들의 성 인식의 단면을 볼 수 있었다. 중·고등학생끼리의 연애라 하더라도 성적으로 매우 개방이 되어 있고, 실제 성관계를 안 하더라도 유사 성행위를 하는 데 주저함이 없다. 심지어 만나는 남자 친구 3명과 입으로 유사 성행위를 했다고 자랑스럽게 이야기하는 중학생 아이도 있었다.

아이들에겐 사랑과 관심이 필요하다. 건강하게 사랑과 관심이 채워지지 않는다면 아이들은 다른 곳에서 그것을 얻으려고 시도를 한다. 하지만 문제는 우리나라의 성교육의 현장은 매우 처참하기 때문에 대부분 인터넷과 또래 친구들에게 잘못된 정보와 지식을 바탕으로 하기 때문에 아이들의 연애 행태 또한 많은 문제를 내포하고 있다. 이 문제를 해결하기 위해 가정에서 그리고 교육 현장에서 뜻있는 어른들이 관심을 가지고 나설 수 있었으면 좋겠다.

아이들에게
가장 필요한 것

요즘 시대는 경제적으로 어렵기보다는 정서적으로 불안정한 아이들이 훨씬 많다. 부모가 맞벌이를 하느라 때론 방치되고, 때론 다양한 학대를 받고 외톨이가 된 상처 있는 아이들이 참 많다. 경제적으로 여유가 있기 때문에 어릴 때부터 부모들은 학원 뺑뺑이를 돌린다. 보통 4-5개의 학원을 다니며 많은 교육을 받는다. 그리고 부모들은 자신들이 아이를 위해 엄청난 노력을 하여 아이를 잘 키우고 있다고 만족한다. 가정에서 이루어져야 할 교육을 돈으로 외주화한 것이다. 문제는 아이들이 받는 교육을 통합적으로 분석할 수가 없다는 것이다. 학원을 많이 다니지만 모든 학원에서 다루지 않는, 뭔가 아이들 교육에 꼭 필요한 것이 있지 않은지 고민하는 부모는 별로 없다. 엄마들 모임에서 무슨 교육이 꼭 필요하다 하면 따라서 학원을 더 늘릴 뿐이다. 아이에게 정말 필요한 것들이 잘 공급되고 있는지 판단하는 것은 너무 어렵다.

가정에서 채워지지 못한 애정으로 인해 스스로 건강한 자아를 만들어 갈 수 없기에 이들은 끊임없이 자신에게 불신의 메시지를 던지고 끊임없이 자신을 못 미더워한다.

이들은 "잘하고 싶은데 잘 안 돼요."라고 절규한다. 이것은 아이의 문제이자, 가정의 문제 그리고 이 사회의 문제이다. 부모로부터 충분한 사랑을 받았다면 아이는 다른 곳에서 사랑을 찾을 필요가 없다.

하지만 아이들은 중학생, 고등학생이 되어 가면서 이 사회에서 공부로, 외모로 평가를 받으며 자신이 그대로 사랑받고 인정받을 수 없는 존재라고 생각하게 된다. 그러니 아이들은 확실하지 않은 미래 때문에 불안하고 두렵다고 한다. 어떻게 살아가야 할지, 어떤 직업을 가져야 하는지 불안하다. 그런 불안감 가운데 아이들이 가장 원하는 것은 자신의 마음을 있는 그대로 받아들여지는 경험이다. 아이는 자신을 있는 그대로 받아 주고, 자신의 고민을 나누고, 속마음을 이해받기 바라지만 부모는 사랑이라고 말하며 지적하고 잘못된 것을 고치려고만 한다면 아이는 그 사랑을 느낄 수 없다.

모든 것이 공부만 하면 가능해진다고, 늘 같은 말만 하는 부모와 어떤 아이가 이야기하고 싶을까? 채워지지 않는 마음을 다른 곳에서, 그렇기에 엉뚱한 곳에서 엉뚱한 행동을 해서라도 관심을 받고자 한다. 이를 세상에서는 '관종(관심 종자)'이라고 부른다. 이는 때로 왜곡된 연애로, 때로 성적인 일탈로, 아니면 또래 사이의 일진놀이로 드러나는 경우도 많다. 그래서 아이들에게는 끊임없이 관심과 자신의 이야기와 생각을 들어 주고 공감해 줄 사람이 필요하다.

앞에서 언급했던 걷기 프로그램인 〈가치있는 같이걷기〉가 좋은 점이 바로 이런 점이다. 아이들과 선생님은 평소에 걸어 본 적

건강한 어른은 어디에 있나요?

없는 긴 거리와 긴 시간을 함께 걸으며 동료의식도 생기고, 몸이 지치면서 마음도 열려서 온갖 다양한 이야기와 생각을 나누게 되고, 선생님은 아이의 이야기를 있는 그대로 듣고 공감해 준다. 긴 거리를 함께 걸었다는 동지애가 생기고, 다른 누구에게 하지 못했던 이야기를 나눈 특별한 관계가 된다. 아이들의 마음만 열리면, 아이가 같은 편으로 인식하는 순간 그 사람은 어떠한 이야기도 할 수 있는 사람이 된다.

선생님들과 아이들은 함께 걸으며 자연스럽게 집단 상담이 진행되기도 한다. 오픈 된 장소로 나가 선생님과 함께 도시 주변을 걷거나 주변에 있는 동산에 오르거나 전통 시장에 가서 점심도 먹고 시장 사람들이 얼마나 열심히 사는지도 보게 된다. 하루에 15-18km까지 걸으며 때로는 침묵하며 자신에게 질문해 보는 시간을 갖기도 한다. 다양한 풍경을 보고, 다양한 소리를 듣고, 사람들이 살아가는 모습도 보면서 그동안 살펴보지 못했던 것을 생각하고, 자신을 돌아보고, 새로운 자신을 발견하기도 한다. 때로는 걸으면서 비닐과 집게로 길바닥에 버려진 휴지를 줍는 등 지역을 위한 봉사도 함께 진행하기도 한다.

자존감이 약한 아이들에게 공동체에 이익이 되는 일을 함으로써 자존감 상승의 기회가 되기도 한다.

아이들은 처음엔 죽는 시늉을 하지만, 마치고 나면 아이들의 얼굴에 묘한 미소가 자리 잡는다.

"걷는 게 이렇게 힘든지 몰랐어요."

"내 인생에서 가장 많이 걸었어요."

마치고 나면 다양한 이야기를 나누게 된다. 특별교육을 마치고 집으로 돌아가는 아이들의 뒷모습을 보며 아이들이 좀 달라지길 기대한다. 하지만 원래 자신이 속해 있던 환경으로 돌아가면 아이들은 또다시 과거의 모습으로 쉽게 돌아가게 된다. 때로 다시 교육을 듣기 위해 오는 경우도 있고, 더 큰 사고를 쳐서 소년원에 갔다는 이야기를 들을 때면 '우리의 일이 무가치한 것인가?' 하는 의문을 갖게 될 때가 있다. 그럼에도 우리는 건강한 지지자가 있을 때 아이들은 건강한 성장을 하게 된다는 것을 믿는다. 아이들 안에 우리가 알지 못하는 우리가 평가할 수 없는 우수한 잠재력이 있다는 것을 의심하지 않는다. 아이들을 믿어 주는 만큼, 지지해 주는 것만큼 아이들은 자신의 잠재력과 가능성을 가지고 성장해 갈 것이다.

아름다운사람들 사회적협동조합은
'가치있는 같이걷기' 프로젝트를 통해
소년범 청소년들이 자신의 삶을
**스스로 책임 질 수 있는 자립심과
리더십을 길러주기로 했습니다.**

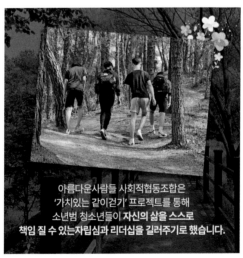

아름다운사람들 사회적협동조합은
'가치있는 같이걷기' 프로젝트를 통해
소년범 청소년들이 **자신의 삶을 스스로
책임 질 수 있는 자립심과 리더십을 길러주기로 했습니다.**

아름다운사람들 사회적협동조합과
함께하는 가치있는 같이걷기 프로젝트

소년범 아이들이
반성하고 생활 속으로 돌아가
**외부 환경을 극복하고 스스로 자립하기
위해서는 어떤 도움을 줘야 할까요?**

모두의 성교육

아이들을 만나 사역하면서 나를 가장 괴롭혔던 것은 청소년의 '성' 문제였다. 하지만 상담센터를 운영하면서 '성'이란 신앙이 있는 사람이든 아니든, 나이가 많든 적든 모두에게 동일한 문제라는 것을 알게 되었다. 문제는 우리 사회가 어린 시절에 우리 자녀들에게 건강한 성교육을 해 줄 준비가 되어 있지 않다는 것이다.

교육부는 우리나라 초·중·고학생들에게 1년에 최소 15시간의 성교육을 해야 한다고 정하고 있다. 하지만 우리나라는 나라에서 정한 성교육 지도자 과정이 없다. 그렇다 보니 성교육만을 전담하는 전문 교사는 거의 없고, 대부분 다른 업무에 더 부과된 수업의 형태로 여겨지기 때문에 원활하게 진행되기 어렵다. 물론 학교의 선생님들이 악조건 속에서 최선을 다하시겠지만 수많은 학교에서 양질의 성교육을 받는 것은 현실적으로 매우 어렵다. 그렇다 보니 성교육 시간은 매번 하던 것, 매번 듣던 지겨운 이야기를 반복하는 시간이 되고, 아이들에게 별로 교육 효과가 없다. 그래서 아이들은 인터넷을 통해, 친구를 통해 그들만의 성 지식을 구축하고 있다. 현실과 동떨어진 매우 수위가 높고 이상 성욕이나 도착적 성을 무비판적으로 받아들이고 있는 것이다. 타성에 대한 왜곡된 성 지식 또는 왜곡된 성 인식을 가지고 자라나는 아이들은 이성과의 건강한 관계를 맺는 데 어려움을 느낀다. 온갖 동영상을 비롯한 인터넷 콘텐츠가 그려 내는 여성성 혹은 남성성은 현실과 전혀 다르기 때문이다.

방학 때마다 수강명령으로 찾아오는 아이들과 부모님들을 보면 가슴이 아프다. 아이의 잘못 형성된 성 지식과 성 인식으로 아이는 아이대로 자존감이 무너지고, 부모들도 정말 힘든 시기를 겪는 것을 옆에서 보면서 건강한 성교육의 필요성을 절감하게 된다. 가정뿐이 아니다. 쉴 틈 없이 벌어지는 이성 간의 갈등, 데이트 폭력, 그루밍과 스토킹, 성적인 학대와 착취는 온 사회 곳곳에 암처럼 퍼져 있다. 점점 더 심각해지는 현실을 막을 수 있는 방법은 자라나는 아이들에게 건강한 성 지식과 성 인식을 잘 교육해야 하는 것이다. 우리는 부족한 성교육으로 인해 아이들이 어떻

건강한 어른은 어디에 있나요?

게 삶이 망가지고, 심지어 범죄까지 이르렀는지 너무 잘 안다. 어떻게 하면 아이들의 재범을 막을 수 있을지, 어떻게 하면 아이들의 왜곡된 지식과 정보를 건강하게 바꿀 수 있을지, 어떻게 하면 부모님들이 가정에서 아이들에게 성교육을 할 수 있을지를 고민했다. 고민 끝에 우리는 청소년 성범죄의 전문가로, 청소년 성교육 전문가로 활동하기로 결정했다. 청소년들의 잘못된 성과 그로 인하여 어떤 부작용이 있는지 우리보다 잘 아는 사람이 드물기 때문이었다. 그래서 '아름다운사람들' 사회적협동조합은 성범죄 청소년뿐 아니라 일반 청소년들에게 건강한 성교육을 하기 위해 '아름다운성교육연구소'를 개설하게 되었다. 그동안 수강명령 교육을 진행하며 아이들의 재범을 방지하기 위해 해 왔던 연구 내용과 성범죄를 저지른 아이들의 사안을 분석하여 콘텐츠를 개발할 수 있었다.

아직 개설한 지 1년이 되지 않았는데 벌써 1,000명 이상의 청소년, 아동에게 성교육을 시행했다. 많은 가정과 학교, 대안학교, 유치원, 공공 기관 등에서 교육 요청이 있었고 매우 높은 만족도를 보여 왔다. 우리는 교육에만 만족할 수 없었다. 경기도와 함께 가정에서 부모가 할 수 있는 성교육 교구를 개발하게 되었다.

우리 기관을 방문하는 아이들에게 설문으로 조사하고, 수강명령에 온 아이들의 사안을 분석하고 부모 교육에 참여한 부모님들의 성 인식을 분석해 꼭 필요한 성교육의 방향을 잡을 수 있었다.

문제는 어떻게 가정에서 부모가 성교육을 할 수 있도록 하는 것이었다. 많은 고민 끝에 아이들에게 익숙한 보드게임 형식의 교구를 개발하여 진입 장벽을 낮추고 성이라는 것이 무조건 감출 것이 아니라 삶의 중요하고도 찬란한 영역이라는 것을 부모님과 함께 배워 나가길 바랐다. 국내 유수의 보드게임 개발 업체와 함께 1년여의 시간을 투자해 보드게임형 성교육 교구 개발을 마무리할 수 있었다.

건강한 어른은 어디에 있나요?

제목은 〈부모와 함께하는 청소년 성교육 Booster-shot〉이다. 앞에서 언급한 것처럼 우리나라의 학교들은 모두 매년 15시간의 성교육을 학생들에게 해야 한다. 하지만 아이들은 어떨까? 적지 않은 수의 아이들에게 '성교육 받아 본 적 있니?'라고 물어보면 성교육을 받은 적이 없다고 대답한다. '아니, 학교에서 성교육 받지 않았어?'라고 물어보면 그제서야 "아, 했어요. 근데 기어이 하나도 안 나요."라고 대답한다. 많은 학교들이 성교육 시간에 자습을 하든지, 아니면 영상만을 틀어 주기 때문이다. 그 영상도 매년 똑같은 것을 반복적으로 틀어 주는 것이다. 이미 아이들은 초등학교 저학년부터 인터넷을 통해 친구들을 통해 성에 대해 공부하고 있는데, 우리는 아이들이 알고 싶고 궁금해하는 성을 가르칠 준비가 되어 있지 않다.

그래서 우리는 우리 성교육 교재의 이름을 'Booster-shot'이라고 지었다. 그동안 받아 왔던 성교육을 더 강화하고 효과적으로 만들어 줄 수 있는 교육을 제공하고 싶기 때문이다.

부스터-샷은 '성 인식/성 지식', '동의', '디지털 성', '모의 재판'의 네 가지 주제로 네 개의 보드게임 키트(kit)로 구성되어 있다. '성 인식/성 지식'은 부모님과 아이들이 그동안 자신이 알고 있는 성 지식을 공유하고, 다양한 성 인식에 관련한 대화를 열 수 있는 장을 만들어 주는 역할을 한다. 성에 대해 이야기해야 한다면 서로가 가장 피하고 싶은 대상인 부모와 아이가 함께 앉아 성에 대한 각자의 생각을 나눌 수 있다면 어떨까? 필드테스트의 결과는 의외로 괜찮았다. 4개의 보드게임 중 가장 평가가 좋은 주제이다.

'동의'는 지금까지 성범죄 수강명령을 받은 학생들과 학교에서 성 사안으로 방문한 아이들의 케이스 전체를 관통하는 주제이다. 모든 범죄와 사건이 상대를 동등한 존재로 인정하지 않고 자신이 하고 싶은 것에 대해 동의를 구하지 않았기 때문에 일어난 일들이었다. 아이들은 그동안 부모님들의 관계나 가정의 문화 또는 수많은 미디어에서 건강하게 서로를 존중하는 동의 구하기의 방법을 배우지 못했던 것이다. 이에 대해 다시 한번 생각해 보고 부족한 인식을 바로잡고 동의 구하기 훈련을 하는 키트이다.

'디지털 성'과 '모의 재판' 키트는 그동안의 임상을 통해 실제 청소년들 사이에 어떤 범죄가 어떻게 일어나고 있으며, 특히 디지털 영역에서 급격하게 증가하고 있는 범죄를 분석하고 가·피해자가 되는 것을 예방을 위한 키트이다. 성범죄의 기준과 실제 사례를 살펴보고, 어떤 행위가 범죄가 되며 사회에서 심각하게 받아들여

지는지에 대해 이해하는 기회가 될 것이다. 범죄가 되는 기준을 알고 어떤 처벌이 따라오는지 알게 되면 가해 예방이 될 것이고, 다양한 사례를 통해 피해자가 되는 것도 예방할 수 있을 것이다.

디지털 네이티브로 태어난 아이들의 정보 습득 능력과 검색 능력은 절대 일반적인 부모들이 따라갈 수 없다. 아이들이 잘못된 성 지식을 습득하는 경로를 분석해 보면 인터넷과 또래 친구가 압도적이다. 함께 노는 친구 한 명이 인터넷을 통해 왜곡된 성 정보를 습득하면 빠르게 친구들에게 전파되고 이 정보는 왜곡된 성 지식이 자리 잡게 되는 계기가 된다. 또 요즘 아이들에게 악영향을 끼치는 미디어는 부모 세대가 경험한 것보다 훨씬 자극적이다. 또한 1년 365일 24시간 디지털 미디어 기기를 가지고 있는 아이들은 언제 어디서나 나쁜 미디어에 접촉할 수 있기 때문에 그 폐해는 더 심각하게 드러나게 된다.

수강명령을 통해 청소년 성범죄 가해자들은 자신들의 범죄를 되돌아보고 분석하는 시간을 갖는데 아이들이 직접 범죄의 원인으로 가장 많이 꼽는 것이 자신의 왜곡된 성인식과 음란 미디어이다. 아이들은 "진작 이런 성교육을 받았더라면 재판도 안 받고 여기 오지도 않았을 것 같아요."라고 종종 이야기한다. 미리 예방만 할 수 있었다면 오랜 시간 고생하지 않아도 되었을 것인데 이게 다 어른들의 문제이다. 예방과 제대로 된 교육을 잘했다면 되었을 것인데 그러지 못해 아이들이 여기까지 오게 된 것이다.

부모님들 역시 부모교육을 받고 수강명령에서 진행되는 자녀 성교육 강의를 들으시면 많은 분들이 "왜 학교에서는 이런 성교육을 해 주지 않는 걸까요?"라고 질문들을 하신다. 우리가 성교육을 잘해서가 아니라 아이들에게 어떤 성교육이 필요한지에 대해 끊임없이 고민하기 때문일 것이다. 또 다양한 임상을 경험할 수 있는 최전선에 서 있기 때문일 것이다. 그동안 심리 상담을 통해 생각보다 성 문제는 매우 중요하다는 생각이 청소년 성교육을 진행하면서 더욱 확실해졌다. 그래서 청소년 성교육에 대한 고민은 멈추지 않고 인간의 전생애를 아우르는 성교육을 꿈꾸게 되었다. 바로 생애주기별 성교육이다. 아동기부터 노년기에 이르는 다양한 시기에 맞춰 대응할 수 있는 성교육을 목표로 하게 되었다. 지금 아동과 청소년 교육이 개발 완료되었고, 이제 여력이 있을 때마다 유아, 장년, 노년 등 특정 시기에 맞는 성교육을 개발하는 꿈을 꾸고 있다. 성인과 노년에게 무슨 성교육이 필요하냐고 문는 분들도 계시지만 결국 인간은 사회 가운데 살아가고 사회의 급격한 변화에 맞추어 새로운 것을 배우고 적응해 나가야 한다. 현대 사회는 특히 성인지 영역의 급격한 변화를 겪고 있다. 예전에 허용되던 "남자는 원래 그런 거지…", "여자가…"라고 시작하던 수많은 말들이 이제는 매우 부적절한 말이 되어 가고 있다. 이런 말을 생각하고 뱉어 내려는 잘못된 성 지식과 성 인지를 수정하고, 변화를 받아들이기 위한 준비가 누구에게나 필요하다. 결국 우리는 일생 성교육이 필요한 세상을 살아가고 있는 것이다. 태어나면서 각 발달 과정에 맞춰진 성교육이 이루어진다면 지금도 수없이 벌어지는 사회 문제와 가정의 문제의 많은 부분은 아예 일어나지 않을 가능성이 크다.

우리가 바라는 것처럼 모든 가정에서 부모가 자녀에게 하는 성교육이 이루어질 수만 있다면? 또 그 교육이 자녀의 연령대에 맞추어 지속적으로 일어날 수 있다면? 나는 꿈을 꾼다.

지금 만들어진 자녀를 위한 성교육 Booster-Shot은 프로토 타입이다. 우리의 성교육 현장과 상담 현장에서 많은 임상을 거처 최종 버전 생산을 앞두고 있다. 완성이 되면 우리는 다음 단계의 생애 주기 성교육을 위한 교구를 개발할 것이다.

성인이라 하더라도 건강한 성 인지가 없다면 건강한 성인일 수 없다. 애착 손상으로 관계에 집착해 '성적자기결정권'을 포기하는 청년들, 일상 속에서 관계의 스트레스를 성적인 일탈을 통해 해소하는 장년들, 은퇴 후 상실한 사회적 권위를 자신보다 약한 이들에게 다양한 폭력으로 행사하며 자신을 확인하는 노년들까지….

우리는 모두 매일매일 배워야 한다.

건강하고 아름다운 성이 무엇인지. 변화하는 사회에 따라 변화하는 성 인지 감수성과 성 지식의 기준은 어떠한지. 성이란 한 번의 쾌락이 아니라 아름다운 책임과 존중이 공존하는 것이며, 이 세상에게 가장 소중한 존재인 나 자신의 일부임을 배워야 한다. 성 인지 감수성의 중요한 슬로건인 'No means No'에서 'Yes means Yes'로 또다시 'Only Yes means Yes'로 바뀐 것처럼, 완성된 성 인지란 존재할 수 없다. 우리는 성에 대해 새로운 지식을 습득하고, 지속적으로 업데이트되어야 하는 존재이다. 이를 돕기 위해 우리는 멈추지 않고 계속 나아갈 것이다.

아름다운성교육연구소 이야기

건강하고 아름다운 성을 어떻게 알려 줘야 할까?

생각하다가 '아름다운성교육연구소'를 설립하였다.

아름다운성교육연구소에서는 변화하는 사회에 따라 성교육은 어떻게 해야 하느냐?

성은 한 번의 쾌락이 아니라 아름답고 책임과 존중이 따르는 것이라는 걸 알려 주고 싶었다.

성은 하룻밤의 정사를 나누는 것이 아니다.

성은 자신이다. 성은 몸의 일부분만이 아니다.

자기 자신의 전부임을 알려 주고 잘 지켜야 하며, 아름다운 가정을 세워 갈 수 있는 성은 위대한 것임을 가르쳐 주고 싶었다.

아이들에게는 이런 걸 알려 주는 과정이 없었기에 성을 왜곡하고, 즐기고, 한순간의 쾌락으로 잘못 알고 있다.

수년간 성범죄 가해자 청소년들을 교육하고 상담하면서 더 이상 가해자가 나오지 않기를 바란다.

매일 고민하는 것은 아이들을 건강한 어른으로 성장하게 하려면 어떻게 해야 할까 하는 것이다.

더 이상 피해자, 가해자가 나오지 않고 누구나 안전하고 건강한 관계를 갖고 살아갔으면 좋겠다.

성범죄 재범율을 낮추려면 어떻게 해야 하나?

아름다운성교육연구소를 통해 아이들과 어른들 모두에게 건강한 성교육을 하자고 결론이 내려져 연구소를 설립하게 된 것이다. 아름다운성교육연구소는 생애 주기별 성교육 교구를 단계적으로 개발할 것이며, 아이들과 어른들이 건강한 성으로 자신의 역할을 다하길 바라고 있다.

성범죄 가해 부모 성교육

여러 해 동안 청소년 성범죄 가해자 교육과 관련 상담을 진행
하며 우리나라 성교육이 매우 처참한 수준임을 절감하게 된다.
사회는 급격히 변화하고 첨단 과학과 기술로 우주 시대를 열고
있는 지금, 성에 대한 인식은 어느 정도일까?

오랜 시간 유교 문화와 불교 문화의 영향력 받고 살았던 우리
나라는 여전하며 가부장적 사고의 뿌리는 아직 사회 곳곳에 남
아 있다.

자연스럽게 성 불균형의 흔적은 만연하고 젠더의식, 양성평등,
성 인지 감수성 등은 많은 곳에서 왜곡되고 결핍 증상들이 나타
나고 있다.

애써 무시하고 못 본 척했던 이 사회의 음지에서 자라난 'N번
방'이라는 괴물같은 존재들의 출현은 우리에게 큰 충격과 공포를
안겨 주었으며, 그동안 우리 사회에 필요한 것은 무엇인지 알게

해 준다.

정치, 문화계, 교육계, 연예계, 종교계까지 그동안 누적된 성에 대한 문제들이 터져 나왔다.

놀라고 또 놀랐지만 누가 누구에게 손가락질을 하겠는가?

이 시점에서 우리는 다시 가정에 주목해 보자.

성에 대한 올바른 지식과 인지가 없이 성장해 온 부모들에게 배운 자녀들의 성 의식과 젠더의식은 그 한계를 넘어 자녀들 역시 건강한 성 인지나 성 가치관이 형성되어 있지 않다.

부모들은 우리 아이들의 성장을 기다려 주지 않는다.

부모의 눈높이와 아이의 눈높이가 너무 큰 차이를 보이고 있다. 수강명령 교육과 특별교육을 받으러 오는 아이들과 부모 간의 차이를 보자.

아이의 책임은 부모에게 있고, 성범죄는 중한 범죄이기에 부모교육이 필요하다.

처음 방문하면 성 인지 체크리스트와 기관 성교육 교구를 통해 성 가치관을 알아보는 시간을 가진다. 대부분이 성에 대한 부분이 많이 왜곡되어 있으며, 양성평등에 대한 부분도 부족한 것을 발견한다. 우리는 거기에 맞게 교육을 진행한다.

부부가 같이 부모 교육에 오기 때문에 젠더 기반에 의한 폭력과 가정 폭력이 가정과 자녀에게 미치는 영향에 대해 강의하며 반성하는 시간을 가진다. 우는 엄마도 있고, 당황하는 아빠도 있다.

'그동안 자신이 했던 행동들이 자녀를 여기까지 오게 했구나!' 하고 깨닫는 부모도 있다.

이렇게라도 깨닫는 시간을 가져야 한다.

집에서 아내에게 "야~ 너~"라고 칭하며 아내는 밥해야 하는 사람, 남편은 돈을 벌어 왔기에 대우받아야 하는 사람이라고 생각하는 사람들이 있다.

그것 또한 아이들에게 미치는 영향에 대해 말하고 답변도 들어본다. 밖에서 스트레스를 받고 집에 와서 화를 푸는 아빠, 술에 의존하는 아빠, 다른 사람에게는 친절한데 집에서는 폭력적인 아빠. 아빠가 성행위를 요구하면 엄마는 반드시 의무적으로라도 해 줘야 하는 잘못된 생각들이 자녀에게 어떻게 전달될까?

부모 교육의 강도는 생각보다 높다.

자식에 대한 사랑 역시 돈이 많으니 먹고 싶은 것 다 사 주고 입고 싶은 것 다 사 주는 부모와 돈이 없으니까 이것도 못 해 주고 저것도 못 해 준다는 부모 중 누가 더 잘못된 부모일까?

두 부모는 다 잘못하고 있는 것이다. 한 부모는 경계선이 없는 것이 잘못이고, 한 부모는 너무 강하게 돈에 대한 집착을 보이며 자녀에게 반감을 준다. 돈을 주든 안 주든 두 아이 모두 건강한 어른으로 성장하기는 힘들다고 본다.

이렇게 부모 성교육을 하고 나면 부모들의 반응은 대개 비슷하다. "진작 이런 교육을 받았어야 했는데 그동안 돈만 번다고 너무 여유 없이 살다 보니 자녀가 이렇게 고장 나는 것도 모르고 살아왔네요. 수강명령 교육이 아니더라도 자주 부모 교육을 해 주세요.

연락만 주시면 꼭 참석하겠습니다."

우리도 감사하다. 제발 잘살아 주시기를 바랄 뿐이다.

이렇듯 성교육 연구소에서는 해야 할 사역이 많다.

부모 성교육

성교육 교구를 만들고 성교육연구소를 개설하고 나니 많은 곳에서 성교육 요청이 있다.

지역을 떠나 지방에서도 성교육 요청이 있다. 최대한 가서 교육을 하려고 하지만, 아직은 우리가 만든 성교육 프로그램으로 교육할 수 있는 전문 강사가 별로 없다. 그렇다 보니 우리 선생님들이 이리저리 뛰어다니면서 교육을 진행한다. 중·고등학교 전교생 대상의 대그룹 강의는 물론 반별 교육이나 전교생 숫자가 적은 영어 학교, 공공기관, 주민자치센터, 그리고 또래 아이들을 위해 어머니들이 마음 모아 성교육 강의를 요청하는 경우도 많이 있다.

얼마 전 모 기관으로부터 아동 부모 성교육 요청이 있어 다녀왔다. 취학 전 아이들을 둔 부모님들을 교육 대상으로 하는 시간이었는데, 성교육에 대한 관심도가 매우 높았다.

수업이 진행이 안 될 정도로 질문이 끊임없이 들어왔다.

"우리 아이가 고추를 자꾸 만져요."

"아이가 밖에 나가서 바지를 자꾸 내려요."

"아기가 어떻게 생기는지 자꾸 물어봐요."

"잘 때 엄마 가슴을 계속 만지고 자요." 등등 수많은 질문이 쏟아졌다.

이런 다양한 질문에 하나하나 대답을 해 주다 보니 교육 시간보다 1시간이 더 지나 마무리할 수밖에 없었다. 마치고 나면 부모님들은 이런 성교육을 자주 했으면 좋겠다는 피드백이 가장 많다. 아이를 양육하며 많은 어려움을 겪어 왔지만 가장 당황스러운 때가 바로 성에 관련된 고민과 상황을 겪을 때라고 말한다. 앞에서 성교육은 생애주기별로 성장에 맞추어 교육을 해야 하지만, 부모 세대가 이런 교육을 받아 본 적이 없기 때문에 아이들에게 시기에 맞는 성교육을 한다는 건 참으로 어려운 일이다. 그리고 성에 대해 드러내 놓고 이야기하는 게 거의 불가능한 우리 사회의 분위기에서는 더 어렵다.

또 한 기관에서는 아예 부모 교육 주제를 '자녀의 성교육 어떻게 해야 하나?'로 잡았다. 15분의 어머님이 참석하셨는데, 엄청난 집중도를 가지고 계셨다. '성교육의 중요성을 인지하고 계신 부모님들이 이렇게 많구나.'라는 생각을 하게 되었다. 아동 발달과 성 발달에 대해 다루면서 아이들을 양육할 때 엄마의 심리 상태, 엄마와 아빠와의 관계, 아이를 양육하며 힘든 점에 대해 질문을 하는데 대부분의 엄마들이 자신 없게 대답하셨다. 또 성에 대한 엄마들의 인식을 확인하기 위해 제작한 카드를 보여 주자 많은 엄마들이 성은 '섹스, 관계'로 연상을 하고 있다는 것을 알게 되었다. 또 성에 대해 안 좋은 경험을 한 분들은 두려움이라고 대답하시는 부모님도 계셨다. 물론 어떤 분들은 존중과 책임을 비롯해 성을 단편적이 아니라 복합적이고 다각적인 개념으로 이해하시는 분들도 계셨지만, 많은 분들이 매우 단순한 인식을 가지고 계셨다. 부모님들이 이렇게 단순하게 인식하는 주제를 가정에서 자녀에게 잘 가르치기란 쉽지 않다. 이는 수강명령 부모 교육 때도 마찬가지다. 대부분의 부모들이 매우 단순화된 성 인식과 지식을 가지고 계신 것을 확인할 수 있다.

앞으로 자녀에게 건강한 성교육을 하기 위해서는 부모님들부터 건강한 성교육이 필요할 것이다. 나는 앞으로 전국적인 부모 성교육 운동을 꿈꾼다. 부모뿐 아니라 학교의 선생님을 비롯해 자녀들이 만나는 모든 성인들이 먼저 건강한 성 인식을 가지고 우리의 자녀들을 대하고 교육했으면 좋겠다. 이런 사회적 분위기가 만들어지도록 우리 '아름다운사람들'과 '아름다운성교육연구소'는 최선을 다할 것이다.

에필로그

;

2023년 1월 즈음에

인간의 삶이란 참으로 복잡한 것 같다. 매일 만나는 분들과 아이들을 통해 알 수 있다. 이번 주도 어김없이 법원을 통해 아이들이 수강명령 교육을 받기 위해 우리 기관에 와 있다. 선생님들의 수고로 아이들은 경계하지 않고 교육을 잘 받고 있다.

교육의 목적은 재범 방지이다. 다시는 성범죄를 저지르지 않기 위한 교육이다. 그렇다 보니 아이들이 가지고 있는 성인지와 성지식, 젠더의식을 점검한다. 또한 소년법, 언어 사용의 예절, 성범죄로 인한 피해자들의 고통에 대해, 내가 피해자라면 어떨지 되돌아보는 시간을 가진다.

그렇기에 모든 시간이 아이들에게는 매우 중요한 시간들이다.

순간의 충동성을 이기지 못해 저지른 범죄이기에 더 안타까움을 준다. 건강한 성교육의 부재가 한탄스럽다. 건강한 성인지가 형성되지 않은 것이다. 부모들 역시 아이들의 머리가 커서 어떻게 할 수 없다고 하지만, 부모의 역할을 잘 수행하지 못한 것이다. 오늘도 부모교육을 진행하며 만난 분들의 대화 내용을 복기해 보면 많은 생각들로 엉키고 또 엉켜 있다.

아이들 한 명, 한 명과 대화하며 엉킨 생각들을 정리하고 나면 아이들은 뭔가 깊은 우물 속에서 빠져나온 것 같은 생동감이 느껴진다. 아이들의 생각이 엉키는 이유는 자신을 온전히 알지 못하고 자신을 비우지 못했기 때문이다. 우리 역시 자신을 비우지 못하면 예수님을 인격적으로 만날 수 없다. 나를 모르는데 어떻게 자신의 죄를 알겠는가? 그렇다 보니 교회는 다지지만 그때그때 주시는 은혜를 경험하지 못하는 것이다. 예수님과 동행은 요원하다.

말씀과 기도를 통해 자신을 비우고 예수님과 동행하고 있는지 스스로를 점검해야 한다.

내가 오랜 시간 청소년 사역을 하며 많은 아이들에게 작은 영향력을 끼칠 수 있었던 것은 바로 말씀과 기도로 주님과 함께하기 위해 몸부림쳤기 때문일 것이다.

40대가 되면서 시작한 청소년 사역은 내 인생에 엄청난 변화를 일으켰다. 약한 자를 들어 강한 자를 부끄럽게 만드시는 하나님은 그렇게 약한 나를 들어 쓰고 계신 것이다.

나는 부족하다. 그런 나에게 예수님을 바라볼 수 있도록 허락해 주심에 늘 감사하고 감사한다.

한 시간 기도와 동역자들

오늘도 하나님이 주시는 강력한 마음이 나를 성전으로 이끈다. 하나님은 계속 나를 기도의 장소로 부르신다.

센터 내 성전으로 사용 가능한 공간을 만든 가장 큰 이유이다. 내가 작지만 매일매일 강력한 하나님의 임재를 경험하는 곳이다. 나는 매일 한 시간씩 주님 앞에 무릎을 꿇기 위해 노력한다. 그렇게 하지 않으면 내가 아이들과 부모님들을 교육할 수도 없고 도울 수 없다. 그래서 오늘도 성전으로 나아간다.

어젯밤 꿈 이야기다.

아이들이 교복을 입고 정화조에 들어가 있는 것이 아닌가?

'꿈속에서 나는 왜 이 아이들이 이곳에 있는 거지?' 궁금했다.

'이 아이들을 어떻게 더럽고 냄새나는 정화조 속에서 나오게 하지?'

안타까운 마음으로 아이들을 끄집어내기 위해 몸부림치며, '주님 어떻게 해야 할까요? 어떻게 아이들을 도울 수 있을까요?' 하며 기도하다가 깨어났다.

아마 이번 주에 교육받고 있는 아이들 때문에 그런 꿈을 꾼 것이 아니었을까? 오후에 법원에서 또 판결문이 배송되어 왔다. 범죄 사실이 뉴스에서나 볼 법한 내용이었다. 어째서 청소년들의 성범죄는 점점 과감해지는 것일까? 모두 건강하지 못한 어른들 때문일 것이다. 하지만 미성년자로 재판을 받고 수강명령을 온 아이들을 보면 참 가슴이 답답하다. 마음 같아서는 한 아이씩 붙잡고 5-6개월 개인 상담을 통해 치료를 해 주고 싶다. 어른이라면 몇 년씩 감옥에 가야 할 범죄인데, 미성년자이기에 이렇게 가벼운 처벌로 넘어간다. 즉, 이것이 아이들에게 마지막 기회일 수 있다는 것이다. 아이들이 아무렇지도 않게 저지르는 '성 착취물 제작 및 배포', '공공장소불법침입과 불법 촬영' 등은 매우 심각한 범죄이며, 아이의 성 지식과 성 인식이 심각하게 왜곡되어 있다는 증

거이다. 하지만 이 아이들의 상처를 치료하기에도, 잘못된 성 지식을 바로잡고 건강한 성 인식을 세워 주기에도 30시간의 수강명령은 턱없이 부족하다.

'주님, 아이들을 살려 주세요.' 하고 기도할 뿐이다.

매주 오는 아이들의 사연을 들으면 너무 마음이 아프다. 나도 이렇게 마음이 아픈데 예수님은 어떠실까? 생각해 보니 이 마음이 내가 청소년 사역을 시작할 때의 마음, 다음 세대를 살리겠다는 마음이 아닌가?

피해자에 대한 체계적인 치료는 정말 중요하고 우리 사회가 비교적 잘하고 있는 영역이다. 하지만 청소년 가해자들의 재범을 방지하고 그들을 범죄를 이끈 잘못 심어진 뿌리를 제거하기는 그 노력이 역부족이다.

금요일, 나는 오늘도 하나님께 나아가 기도한다. 십자가를 바라보며 아이들을 생각하니 눈물이 흘러내린다. 얼마나 시간이 지났는지, 예약된 상담 시간이 다 되었다는 알람이 울린다. 흘러내린 눈물로 얼굴이 엉망이다. 선생님들은 왜 내가 울었는지 묻지 않는다.

건강한 어른은 어디에 있나요?

하나님이 주신 은혜로 잘 버텨 왔다. 요즘은 얼굴 부기도 잘 빠지지 않는다. 몸은 피곤하지만, 영적 상태는 충만하다. 위기의 아이들을 만나면 더욱 하나님의 마음이 느껴진다. 그러면서도 가해자 청소년들을 향한 마음은 더욱 강해진다. 어떻게 하면 이 아이들이 건강한 어른으로 성장해 갈 수 있을까? 어떻게 도울 수 있을까?

그런 마음으로 선생님들과 머리를 맞대어 기도하며 여기까지 왔다. 수업을 새롭게 바꿔 보고, 새로운 주제의 강의를 준비하고, 성교육 보드게임도 만들었다. 생애 주기별 성교육 교구를 만들겠다는 목적도 생겼다. 이제 제법 이름이 알려져 많은 곳에서 성교육 요청도 들어온다. 성교육 피드백도 좋다. 부모 교육도 좋은 피드백을 많이 받는다.

늘 감사한 것은 함께해 주시는 선생님들이 모두 예수님의 마음으로 아이들을 교육하고 있다는 것이다. 좋은 동역자를 주신 하나님께 감사하다. 나도 이젠 나이가 들어가니 함께해 주시는 분들의 소중함을 더욱 느끼게 된다.

나는 하나님이 부르시는 그날까지 아이들을 위해서라면, 또 건강한 가정을 세울 수만 있다면 변함없이 주신 사명에 순종할 것이다.